자존감 연습

일, 사랑, 모든 성취의 바탕인
인간관계와 감정, 마음 다루기 연습

자존감 연습

self - esteem practice

전의진 지음

깊고 솔직한 대화를 나누었던
모임원들에게 감사한 마음을 담아

- J -

　인생은 부모로부터 물려받은 선천적인 요인과 성장 환경으로부터 비롯된 후천적인 요인으로 형성된 '나 자신'을 조금씩 알아가는 과정이다. 그리고 스스로 성찰하고 사람들과 관계를 맺으며, 현재를 살아가면서 미래의 나 자신을 만드는 평생의 과정이다.

　우리는 이 과정 속에서 기쁨과 슬픔, 분노와 행복, 자신감과 무력감 등 다양한 생각과 감정을 끊임없이 마주하며 가치관을 형성하고 그 가치관을 바탕으로 세상을 살아간다. 그리고 그 가치관으로 비롯된 삶에 대한 태도, 말과 행동은 또다시 나의 경험을 만들고 나에게 영향을 미치는 과정을 반복한다.

어느 날 '자존감'이라는 감정이 내 인생의 모든 부분에 영향을 미친다는 사실을 깨닫게 되었다. 가족, 연인, 친구, 직장 등 사회 속에서, 사람들과 관계를 맺고 살아가는 과정에서, 나를 사랑하고 존중해 주는 마음인 자존감이 부족할 때, 반대로 자존감이 충만할 때 드러나는 삶의 모습들을 직접 경험하면서 자존감이 무엇이고, 어떻게 자존감이라는 감정을 관리해야 할지에 대한 관심이 생기게 되었다.

내가 자존감의 중요성을 알게 되고 고민을 하는 과정에서 문득 다른 사람들은 어떤 경험을 했고 각각의 상황에서 어떤 생각과 감정을 느꼈을지 궁금해졌다. 내가 세상을 바라보고 이해할 수 있는 표본은 나 하나뿐이기에 다른 사람들과 경험과 가치관을 공유한다면, 사람이라는 존재를 더욱 넓게 바라보고 깊게 이해할 수 있을 것이라는 생각을 했다. 그렇게 나는 '자존감 모임'을 만들었다. 그리고 운이 좋게도 그 안에서 좋은 사람들을 만나 인생의 다양한 가치와 자존감에 대한 이야기를 나누며 간접적으로 더욱 넓은 세상을 경험하고 생각을 정립해 나갈 수 있는 기회를 얻을 수 있었다. 그러면서 명확하게 설명하기 어려웠던 자존감이라는 개념을 조금 더 이해하고 다룰 수 있게 되었다.

나는 항상 어떻게 해야 더 나은 삶, 성숙하고 가치 있는 행복한 삶을 살 수 있을까 고민해 왔다. 그리고 인생에서의 다양한 경험과 성찰, 통찰의 과정을 통해 그 열쇠는 사람에게 있다는 것을 알게 되었다. 우리 삶의 가치를 만들고 부여하는 존재가 바로 인간이기 때문이다. 그래서 인간관계를 잘 맺는 능력, 다른 사람을 잘 이끌고 따르며, 의사소통을 잘하고, 다른 사람의 마음을 얻을 수 있는 능력은 인생에 있어 행복과 성취를 결정짓는 핵심 요소로 작용한다. 그리고 그 모든 핵심 요소의 기반에는 자존감이 자리하고 있다.

그런 측면에서 이 책에서 다루게 될 '자존감'이라는 개념은 사람과 관계를 맺는 능력이기도 하다. 그리고 내가 인간관계를 가장 잘 맺어야 하는 대상은 바로 나 자신일 것이다. 나 자신을 돌보고, 나의 가치를 인정하고, 나아가 다른 사람까지도 존중하고 포용해 주는 능력, 그 기반이 되는 감정이 바로 자존감이며, 나 그리고 다른 사람과 더 좋은 인간관계를 형성하고 행복한 삶으로 이어지는 것이 자존감이라는 개념의 본질이다.

아마 높은 자존감이 인생의 모든 문제를 해결해 준다고 말하기는 어려울 것이다. 인생에서 마주하는 문제들은 실제 내면에서만 비롯되는 것이 아닌 외부 환경의 요소도 매우 크게 작용하기 때문이다. 다만, 자존감이 우리가 인생에서 마주한 문제를 해결하고 더욱 성숙하고 행복한 삶으로 나아가는 데 큰 기반이 되어줄 것이라는 사실은 자명하다. 자존감에 대한 나의 고민이 내 삶을 조금 더 긍정적인 방향으로 변화시켜 준 것처럼, 이 책을 읽는 독자들 또한 이 책을 통해 자존감에 대해 한 번 더 고민해 보는 계기가 되어 더욱 가치 있고 행복한 삶을 누릴 수 있게 되기를 기원한다.

전의진

"우리는 모두 성장 중"

인생이라는 긴 여행에서 마주한 작은 문제에 멈추어

행복으로 이어지는 길을 놓치지 않기를

Chapter 3 자존감에 영향을 미치는 요소

Chapter 5 자존감을
높이는
프로그램

자존감 연습

"

자존감이 중요해진 시대

"

Chapter 1 ——————————————

자존감 신드롬

자존감 신드롬

· 자존감 열풍

  요즘 우리 주변에서는 '마음'을 다루는 주제들을 쉽게 접할 수 있다. "너는 잘하고 있어", "오늘도 수고했어"와 같이 개인을 응원하는 메시지가 성행하고, 방송이나 유튜브에는 개인의 상황과 감정을 공유하고 공감할 수 있는 내용을 다루는 콘텐츠가 꾸준한 관심을 받고 있다. 또한 나를 더 알고 싶고 다른 사람의 생각과 마음이 궁금해 각종 심리와 성향과 관련된 테스트들이 꾸준한 인기를 얻고, 스스로를 되돌아보며 자신의 마음을 다스릴 수 있는 일기나 명상에 대한 관심도 증가하고 있다. 이 책을 읽고 있는 여러분도 개인의 마음을 공감받고, 위로받고, 잘 다루고 싶은 마음이 있어서 책《자존감 연습》을 선택하게 되었을 것이라고 생각한다. 아마 이 책을 읽는 독자뿐만이 아닌 현재를 살아가는 우리 모두에게 필요한 기본적인 욕구이자 필요한 가치일 것이다.

어느 날 갑자기 '자존감'이라는 단어가 우리의 일상 속에 아주 빠르게 자리 잡았다. 자존감이 삶을 더욱 긍정적으로, 행복한 삶을 살아가는 것에 매우 중요하다는 개념이 확산되기 시작하고, 현실에서 다양한 문제를 마주하고 있는 사람들의 마음을 위로하고 문제를 해결해 줄 수 있는 개념으로 급부상하며 자존감 열풍이 불기 시작했다. 〈자존감을 높여야 하는 이유〉, 〈자존감을 높이는 방법〉과 같은 글과 영상이 쏟아져 나오기 시작하면서 이제는 자존감이라는 단어에 대해 모르는 사람이 없을 정도로 우리에게 친숙하고 익숙해진 개념이 되었지만, 사실 대부분의 사람들은 자존감이 정확하게 어떤 개념이고 왜 높여야 하는지, 어떻게 높일 수 있는지에 대해서 잘 알지 못하고 있다. 심지어 자존감에 관심이 많은 사람조차도 이를 명확하게 알고 이해하고 있는 경우는 흔치 않다. 자존감이라는 단어가 사랑, 우정, 기쁨, 슬픔과 같이 직관적으로 명확하게 설명하고 인식할 수 있는 감정이 아니기 때문이다.

그래서 자존감이라는 개념에 대해 스스로 충분히 고민하지 못하고 제대로 이해하지 못하고 있는 사람들에게는 행복해지고 싶어 자존감을 높이려 노력하는 과정에서 부작용이 발생하기도 한다. 자존감이 높은 사람이 되는 것이 아닌 지나치게 자신만 생각하는 나르시시즘이 되어 다른 사람에게 상처를 주거나, 반대로 지나치게 자기방어적인 성향이 되어 다른 사람들에게 냉소적이고 회의적인 태도를 보이기도 하고, 때로는 다른 사람을 아예 신경 쓰지 않고 내 마음만 신경 쓰는 마이 웨이가 되어버리기도 한다. 행복의 핵심이라고 생각했던 '자존감'이 오히려 또 다른 문제를 야기하고 나를 더욱 힘든 상황으로 만들어 버리는 상황이 된 것이다.

　이렇다 보니 자존감이라는 단어가 가진 '자신을 존중하고 가치 있는 존재라고 인식하는 마음'이라는 본래의 뜻과 다르게 쓰이는 경우도 종종 생기게 되었다. 다른 사람의 의견을 포용하지 않고 고집부리는 사람이나 감정이 무딘 사람을 자존감이 높은 사람이라고 표현하거나, 문제 해결을 위해 본인의 노력과 변화가 필요한 부분을 스스로 합리화하면서 받아들이는 마음만 바꾸면 해결된다고 자존감을 찾는 것 등이다. 오히려 '자존감 열풍'의 반작용으로 이제는 자존감이라는 단어에 피로감을 느끼고 삶에 별로 도움이 되지 않는다는 반감을 가지게 된 사람들도 생기게 되었다.

하지만 이러한 문제들은 앞에서 말했듯 추상적이고 명확하게 와닿지 않는 자존감이라는 개념을 제대로 이해하지 못하고 있기에 발생하는 현상이다. 실제로 자존감은 우리 인생에 있어 정말 중요한 부분을 차지한다. 그래서 우리는 자존감에 대해 알아야 한다.

· 사회적 동물인 인간과 관계의 욕구

자존감과 관련된 이야기를 하려면 먼저 우리가 인간으로서 가지고 있는 기본적인 욕구에 대해 알고 인정해야 한다. 바로 '관계'에 대한 욕구다. 사람은 태어날 때부터 부모와 관계를 형성하며 가정이라는 관계망 속에서 자라난다. 그리고 점차 자라면서 유치원, 학교, 직장, 사회 속에서 계속해서 새로운 사람들과 만나며 관계를 맺는다. 때로는 그 과정에서 정말 깊은 관계가 만들어지기도 하고, 때로는 관계가 정리되기도 하지만 우리는 평생 사람들과의 관계 속에서 산다. 인간은 사회적 동물이기 때문이다.

우리에게 관계가 필요하다는 것은 누구도 부정할 수 없는 사실이다. 사람은 가치를 만들고 나누는 존재이기 때문이다. 다른 사람을 통해 얻는 자극, 생각과 감정의 교류, 정서적인 충족감은 개인의 삶을 더욱 풍요롭고 행복하게 만들어 주는 중요한 요인으로 작용한다. 언제나 나의 편이 되어주는 가족, 믿을 수 있는 친구, 사랑하는 연인, 함께 일하는 동료가 내 인생에 중요한 이유는 이들과의 관계가 실제로 내 삶에 영향을 미치고 삶의 질을 높이는 핵심이기 때문이다. 마찬가지로 이제 반려동물이 우리 인생에 매우 중요한 존재가 된 이유 또한 인간의 관계 욕구를 충족시켜 주는 중요한 역할을 담당하게 되었기 때문이다.

사실 개인이 원하지 않는다고 하더라도 우리는 어쩔 수 없이 사람들 사이에서 함께 관계를 맺고 교류하며 살아가야 한다. 사람은 혼자서 살 수 없는 존재이기 때문이다. 식사를 만들어 먹기 위해 재료를 사더라도 파는 사람이 있어야 하고, 이에 필요한 돈을 벌기 위해서는 사람들과 교류해야 한다. 사람에게 받은 상처가 많아 현실에서 활동을 거의 하지 않고 은둔 생활을 한다고 해도 관계의 욕구는 충족되어야 하기에 반려동물을 키우거나, 자신을 표현하고 타인과 교류할 수 있는 인터넷 커뮤니티나 유튜브 댓글 활동을 하면서 관계의 욕구를 충족시킨다. 이처럼 인간관계가 우리에게 매우 큰 영향을 미치기에 다른 사람과 좋은 관계를 맺고 잘 교류하는 능력은 점점 더 강조되고 있다.

self-esteem practice

매슬로 욕구 5단계에 대해 들어본 사람이 있을 것이다. 첫 번째는 생리적 욕구, 두 번째는 안전욕구, 세 번째는 소속과 애정의 욕구, 네 번째는 존경의 욕구, 다섯 번째는 자아실현 욕구다. 사람은 끊임없이 무언가를 갈망하며 이전 단계가 하나씩 충족될 때마다 자연스럽게 다음 단계의 욕구를 추구하게 된다는 이론이다. 이 이론에 따르면 개인마다 차이는 분명 있겠지만, 현재 우리 사회가 현재 전반적으로 마주하고 있는 단계는 세 번째 단계인 소속과 애정의 욕구, 네 번째 단계인 존경에 대한 욕구 사이인 것 같다. 어떤 집단의 일원으로서 소속감을 느끼고, 대인 관계로부터 발생하는 애정, 인정과 같은 정서적 욕구를 추구하는 활동이 우리 삶에 큰 부분으로 자리 잡았기 때문이다. 유튜브, SNS, 커뮤니티, VRChat 등 자신을 표현하며 소통할 수 있는 수단이 우리 삶에 매우 중요한 부분을 차지하게 된 것도 비슷한 현상이다.

하지만 매슬로 욕구 세 번째 단계부터는 나만 고려하는 것이 아니라 다른 사람이 필요하고, 나의 욕구를 채워줄 수 있는 다른 사람의 욕구 또한 고려되어야 한다. 그래서 일방적으로 나의 욕구만 충족시키려고 하다가는 인간관계에서의 갈등은 물론 서로가 서로에게 상처를 주는 상황이 생기기도 한다. 그리고 나의 욕구를 충족시켜 줄 수 있는 가까운 사람과 관계에서의 문제는 기존에 충족되었던 욕구까지도 무너지게 만들어 버리기에 상대방을 위한 관심과 배려가 필요하다. 이것이 사회적 동물인 인간이기에 당연히 필요해진 '사회성'이다. 그래서 지금은 나의 욕구를 충족시키며 행복하게 살아가기 위해 개인이 사회성을 잘 갖추는 것이 매우 중요해진 시대가 되었다.

· 자존감이 중요해진 이유

우리 삶에서 자존감이 중요해진 이유는 현재 우리의 마음이 꽤 상처받은 상태고 위로가 필요한 상황이기 때문이다. 사람은 상처받으면 본능적으로 이를 회복하고 해결하기 위한 의식적, 무의식적인 노력을 한다. 그리고 이런 상황에서 자존감이 상처받은 마음을 위로하고 상황을 해결할 수 있는 대안으로 대두되자 자연스럽게 사람들의 뜨거운 관심과 주목을 받게 되었다.

그렇다면 왜 우리는 상처를 받았고 위로가 필요할까? 현재 우리가 마주하고 있는 사회의 단면 때문일 것이다. 너무나도 치열하고 첨예한 경쟁, 실수에 관대하지 않고 질책하는 분위기, 비교로 인한 열등감과 상대적 박탈감, 결과만 중요하다는 인식, 의사소통 과정에서의 갈등과 불통 등과 같은 문제들은 우리의 마음이 상처받기에 충분한 원인이 될 것이다. 학창 시절부터 개인의 선천적 능력을 고려하지 않은 획일화된 공부가 강요되고, 끊임없이 비교하며 등수를 매기는 환경, 학벌에 대한 꼬리표, 또다시 이어지는 취업 경쟁, 월급에 대한 비교, 배우자 능력, 자녀의 성적, 삶의 수준, 이런 삶의 과정을 떠나서라도 개인의 얼굴, 키, 몸매, 직업, 성격 등 우리 주변에 개인의 마음을 아프고 괴롭게 만들고, 여유를 잃어버리게 만드는 요소는 너무나도 많다. 그래서 이러한 환경 속에서 이를 잘 극복해 내는 것이 행복한 삶을 살아가기 위해 우리가 마주한 매우 중요한 과제가 되었다.

세상은 기술의 발전으로 급격하게 발전하고 있고 그 영향으로 물질은 더욱 풍족해졌지만, 사람의 마음이 그만큼 풍족해지지는 못했다. 생산성과 효율성은 증가하고 있지만 그 결과를 만들어 내고 있는 개인의 마음을 관리하고 다루는 개념은 그만큼 빠르게 발전하지 못했기 때문이다. 그래서 지금 우리가 자존감에 대해 제대로 이해하지 못하고 마음을 다루는 연습을 하지 못한다면, 우리의 마음은 앞으로 시간이 흘러가면서 더욱더 외면받고 상처받게 될 가능성이 높다.

그리고 이러한 상처들은 이제 겉으로 표현되어 사회 문제로 대두되기 시작하고 있다. 사람을 경계하고 회피하며 은둔 생활을 하는 히키코모리, 상대방을 이해하고 배려하기보다 자신의 입장에서만 생각하고 상대방을 비난하는 남녀갈등과 세대갈

등, 치열한 경쟁에 지쳐 무력감을 느끼고 모든 것을 포기해 버린 N포세대, 연인에게 실망하고 상처받아 결혼의 가능성을 닫아버리는 비혼주의, 해결되지 않는 경제적 문제로 인해 낮아진 결혼율과 출산율 등이다. 우리 사회 전체가 마주하고 있는 현실을 생각해 보면 사실 우리들은 서로를 비교하고 비난하기보다 서로를 위로하고 배려하며 존중해야 하는 시점에 있다.

· 이해와 공감, 존중이 필요한 시대

처음 언어를 배울 때를 생각해 보자. 잘 기억은 안 나지만, 인생에서 처음 말과 글을 배우던 우리들에게 주어진 단어들과 문장들은 너무나도 어려운 개념이었을 것이다. 단어의 뜻도 제대로 이해하지 못하면서 마구잡이식으로 쓰니 맞춤법을 틀리는 것이 너무나도 당연했지만, 계속해서 틀리더라도 꾸준히 연습하다 보면 어느 순간부터는 말과 문장을 자연스럽게 익히게 되고 자연스럽게 의사소통할 수 있게 되는 순간이 온다. 그리고 그 순간부터 조금씩 더욱 깊고 넓은 생각과 사고를 할 수 있게 된다. 그렇게 우리에게 자리 잡은 언어라는 개념은 우리의 평생에 걸쳐 내 생각과 감정, 의사를 표현하고 다른 사람을 이해하는 데 활용된다.

마찬가지로 우리가 삶을 살아가면서 성숙해지는 과정에는

부단한 시행착오가 동반된다. 그리고 이 과정은 매우 복잡하고 어렵다. 사람은 관계의 동물이기에 다른 사람과의 관계에 영향을 받기 때문이다. 나의 서투른 말과 행동이 다른 사람에게 상처를 입히고 마찬가지로 나 또한 상처를 받는다. 좋은 의도로 말을 했지만, 단어 선택 하나에 상대방이 오해해서 갈등이 생기기도 하고, 서로 다른 의견을 나누는 과정에서 감정을 주체하지 못해 감정이 상하는 상황을 모두가 한 번씩은 경험해 보았을 것이다.

때로는 이 상처가 너무 커 계속해서 실수하고 부딪히며 나아가기 위한 노력 자체를 하지 않도록 만들기도 한다. 실수하면서 상대방에게 주는 상처, 그 반작용으로 나에게 돌아오는 상처가 나의 성장을 가로막는 것이다. 다양한 갈등을 경험하고 이를 해결하면서 나와 상대방을 이해하고 문제없이 의사소통할 수 있는 능력을 키워나가는 것이지만, 상처받는 것이 두려워 소통하는 것을 불편해하고 회피하는 상황이 되면 성숙한 의사소통을 하는 것이 점점 더 어려워진다. 그리고 그러한 환경은 시간이 흐르면서 나를 더욱 힘든 상황으로 몰고 간다. 다양한 인생의 경험을 통해 더욱 성장하고 성숙하며 더 나은 삶을 살아가게 되는 것이지만, 성장이 멈춰버린다면 더 나은 삶과 더 큰 행복은 조금 더 멀어질 가능성이 높아질 것이다.

그래서 우리는 실수에 대해 이해와 공감, 존중을 받아야 한다. 그래야 실수를 하더라도 다시 연습하면서 더 나아질 수 있기 때문이다. 내가 말실수를 하더라도 상대방이 이해하고 배려해 준다면 다음엔 조심하면서 실수가 점점 적어지고 더 나은 인간관계를 맺을 수 있다. 하지만 우리가 마주한 사회는 우리의 실수에 상당히 야박하다. 작은 실수도 용납하지 않고 과정보다 결과를 중시한다. 그러다 보니 어느 순간부터는 인생에서 문제가 발생하면 위축되고 무력해지고 마음이 힘들어진다. 심지어 문제가 생기지도 않았는데도 걱정되고 불안한 감정이 발생하기도 한다. 문제를 해결하면서 나아지기 위한 노력의 기반이 조금씩 무너지는 것이다. 이런 상황 속에서 자존감은 내가 계속해서 실수를 하더라도 마음을 다잡으며 앞으로 나아갈 수 있는 기반을 형성한다.

66

우리의 인생은

자존감을 바탕으로 한

말과 행동에 영향을 받는다

99

Chapter 2

자존감이
만드는 나

자존감이 만드는 나

· **자존감이란?**

자존감은 자기 자신을 존중하는 마음이다. 스스로를 존중하기에 자신을 비굴하게 낮추지 않고, 상대방을 무시하거나 시기하지 않고 존중할 수 있다. 자신을 낮추더라도 자신감이 있어 품위가 낮아지지 않는 겸손으로 드러나고, 상대방을 높이는 것이 자신을 초라하게 만드는 것이 아니라 훌륭한 사람을 곁에 두고 있는 멋진 사람으로 만들어 준다. 또한 자존감은 무의식 속에 자리 잡아 우리의 모든 의사소통 과정에 영향을 미치고, 그 결과 긍정적인 피드백을 일으켜 나를 발전시키는 환경을

self-esteem practice

조성한다. 자존감으로 인해 이루어지는 나의 말과 행동이 내 주변을 더욱더 좋은 환경으로 만들어 주는 선순환을 일으키는 것이다.

　주변에서 발생하는 다양한 자극에 대응하는 방식은 선천적으로 우리가 타고난 성향과 이후 형성된 성격에 의해 결정된다. 그래서 외부의 자극으로 자연스럽게 발생하는 다양한 감정들은 잘못된 것이라고 할 수 없다. 누군가가 잘된 소식을 들었을 때 질투심이 드는 것도, 누군가가 나의 잘못을 비난했을 때 반발심이 드는 것도, 일이 잘 안 풀릴 때 불안하고 우울한 마음이 드는 것도 나의 천성과 성격에 의한 자연스러운 감정일 뿐 옳고 틀린 것은 없으며, 더욱 중요한 것은 이후에 발생한 나의 감정을 어떻게 빠르게 인식해서 성숙하게 대응하고 다룰 수 있느냐 하는 점이다. 이런 상황에서 자존감은 우리의 마음속에 있는 시기, 질투, 불안, 분노와 같은 부정적인 감정을 없애주는 요소라기보다 적절하게 관리하고 대응할 수 있도록 도와주는 기반이다. 내가 실수를 하더라도 실수로 인한 여파에 오랫동안 휘둘리기보다 빠르게 회복하고, 성장의 기회로 시행착오를 발판 삼아 더욱 발전할 수 있도록 만들고, 상대방의 실수를 무조건적으로 비난하기보다는 이해하고 포용하면서 불만과 갈등을 더욱 발전적인 시너지로 전환시키고, 다른 사람을 배려하여 더욱 돈독한 인간관계를 구축할 수 있도록 도와주는 개념인 것이다.

자존감은 우리를 어지럽히는 다양한 감정의 소용돌이 속에서 질서를 구축하고 감정 체계를 만들어 더욱 발전적이고 생산적인 활동에 몰입할 수 있도록 도와준다. 인간관계나 나를 둘러싼 환경에 어떠한 문제가 닥쳤을 때 문제를 정확하게 인식하고 이를 해결할 수 있는 기반을 형성하며, 소모적이고 부정적인 감정을 줄여 나의 발전에 영향을 미칠 수 있는 감정에 몰입할 수 있도록 만든다.

앞에서 말했듯 각종 감정의 소용돌이를 경험하고 낭비하는 것 또한 감정을 다루는 법을 배우기 위한 필수적인 과정이다. 현재 당신의 마음이 힘들고 고민되는 상황이라면 그조차 문제를 해결하기 위한 과정 중에 있다는 것, 그리고 당신에게 불필요한 감정은 없다는 것을 인식하고 이를 잘 다룰 수 있는 연습을 해야 한다. 그래서 자존감은 어떠한 문제를 해결해 주는 만능의 개념이라기보다 우리가 계속해서 키우고 발전시켜야 할 인생의 핵심적인 가치인 것이다.

· 자존감은 감정이다

자존감은 말 그대로 감정이다. 체력과 근력처럼 어느 정도 고정된 수치로 변화하는 것이 아니라 시시때때로 변한다는 뜻이다. 그래서 자존감은 어떠한 실수를 하거나 인간관계 속에서 좌절하는 상황이 생기면 확 낮아지기도 하고, 또 성취를 달성하고 인정받는 상황이 생기면 확 높아지기도 한다.

하지만 자존감이 수시로 변한다는 사실을 제대로 인식하지 못하는 사람들은 자존감이 낮아지면 그 자체를 수용하기보다 낮아진 사실 자체를 부정하거나 잘못되었다고 생각하는 경우가 있다. 평소에 자신감이 넘치는 사람이라도 상황에 따라 언제든지 좌절하고 우울할 수 있다. 그렇지만 이들은 우울한 감정을 뿌리치려고 바쁘게 살거나 자존감을 회복하기 위해 인정받을 수 있는 활동을 열심히 찾아다닌다. 이 또한 문제를 해결해 나가는 과정의 하나라고 볼 수 있겠지만, 우울한 상황을 인정하고 다루지 않으면 필연적으로 이후 비슷한 사건에 의해 다시 좌절하고 우울해지는 상황이 반복되고 이를 극복하기 위한 본질적인 해결책을 찾지 못하게 될 가능성이 높아진다.

나의 감정을 마주하지 않는 대응의 문제점은 현재 직면하고 있는 상황을 명확하게 인식하지 못하게 만든다는 것이다. 자존감이 낮아졌으면 그 이유를 탐색하고 나에 대해 알아가면서 마음을 다루는 과정을 통해 자존감을 높이고 마음을 더욱 단단하게 만들어야 한다. 인정받을 수 있는 활동으로 자존감을 일시적으로 높이는 방법은 임시방편이며, 장기적이고 실질적인 문제 해결에 도움이 되지 않기 때문이다.

모든 문제의 해결은 현재 상황을 정확하게 인식하는 것으로 부터 시작한다. 그래서 부정하고 싶고 회피하고 싶더라도 마주해야 한다. 곱하기 문제를 틀린다면 더하기 개념을 명확하게 익힌 다음 구구단을 외워야 이후 곱하기 문제를 틀리지 않을 수 있다. 곱하기 문제를 계속 풀어 결국 맞췄다고 하더라도 다른 곱하기 문제를 풀었을 때 또 틀리게 될 가능성이 높은 것과 같다.

그래서 자존감은 나를 둘러싼 모든 감정을 올바르게 다룰 수 있도록 도와주는 기본적인 감정이자 모든 감정의 바탕이 된다고 할 수 있다. 그리고 시시각각 변화하는 감정이기에 높아지고 낮아졌다고 해서 일희일비할 필요가 없다. 그보다 안정적으로 높은 자존감을 유지할 수 있도록 능력을 키우는 것에 좀 더 집중해야 한다.

· 다양한 나의 모습

우리는 삶 속에서 다양한 모습을 지니고 있다. 평면적인 모습을 가지고 있는 것이 아니라 상황에 따라 계속해서 변화하는 입체적 인간이라는 뜻이다. 당장 가족 내에서의 모습만 예로 들더라도 가족 전체가 모여 있을 때 나의 모습과 부모님 또는 형제와 함께 있을 때 나의 모습은 모두 다를 것이다. 마찬가지로 연인과 함께 있을 때, 직장에 있을 때, 친구들과 함께 있을 때, 각 조직과 모임마다 그 안에서 드러나는 나의 성향과 모습은 모두 다른 모습을 가지고 있다.

　다양한 상황 속에서 나의 모습이 달라지는 것은 당연한 것이다. 나에게는 다양한 모습이 있고 상대방 또한 가치관, 성향이 다르기에 그에 따라 나의 대응이 달라져 모두 다른 관계가 형성되기 때문이다. 하지만 때로는 다양한 상황 속에서 달라지는 나의 모습이 우리를 혼란스럽게 만들기도 한다. 부모님이 꾸중하면 반발하지만, 직장 상사가 질책하면 가만히 듣고 있는 내 모습을 보며 평소와는 다른 나의 모습에 억압되었다고 느끼고 스트레스를 받거나 일관적이지 못한 나의 모습이 가면을 쓴 모습 같아 잘못되었다고 생각하는 것이다. 하지만 상황에 따라 직장 상사에게 바로 반발하는 것보다는 일단 넘어가는 것이 객관적으로 더욱 합리적인 대응이자 상황에 잘 적응한 모습일 수 있다. 중요한 것은 각 상황 속에서 만들어지는 관계 속에서 적절하게 대응하고 적응해 최적화된 관계를 형성하고 유지해 나가는 것이다. 하지만 이 상황에서 상사로부터의 질책은 확실한 스트레스 요인이라고 할 수 있기에 실수를 줄이든, 상사와의 관계를 재구축하든 다음부터는 같은 상황을 만들지 않기 위한 노력이 필요할 것이다.

각 상황 속에서 다양한 나의 모습은 때로는 내가 필요해서, 심지어 억지로 꾸며진 가면을 쓴 모습이라고 하더라도 그 자체로 나의 모습이다. 나 자신이나 상대방을 속이는 것이 아니라는 뜻이다. 다만 그 모습이 너무 작위적이거나 스스로 또는 상대방에게 불편하게 느껴져 상황을 악화시킬 수 있다면, 좀 더 자연스러운 모습이 되기 위한 노력이 필요할 것이다.

· 타인이 만드는 자존감

자존감에 대한 잘못된 오해 중 하나는 자존감은 온전히 개인의 마음에 달려 있다는 인식이다. 왜냐하면 실제로 자존감을 형성하는 데 있어 타인과의 관계와 인정, 존중은 개인의 자존감 형성에 지대한 영향을 미치기 때문이다. 특히 스스로 사고해서 자신의 마음을 인지하고 이를 다루는 것이 익숙하지 않은 시기에는 더욱 그렇다. 그래서 한 명의 주체로서 주변에서 인정과 존중, 배려를 받을 수 있는 환경은 우리가 자라면서 처음 자존감을 만들 때 매우 중요한 요인으로 작용한다.

이처럼 처음에는 자존감에 타인이 미치는 영향이 절대적이지만, 어느 정도 주체적인 사고가 가능해지고 스스로 자존감을 다룰 수 있는 시기가 되면 타인에 대한 의존도는 자연스럽게 조금씩 낮아지게 된다. 그럼에도 여전히 타인은 개인의 자존감에 영향을 미치기에 내 주변의 사람들과 환경을 자존감에 긍정적인 영향을 미칠 수 있는 관계로 유지하는 능력이 필요하다. 여기서 긍정적인 영향이란 나에게 좋은 말만 해주는 사람들과 환경을 의미하는 것만은 아니다. 내가 더욱 다양한 사람에 대해서 고민하고 배울 수 있는 환경, 부정적인 자극이나 압박과 스트레스를 받는 상황이라도 내가 감정에 대해 다루고 관리함으로써 더욱 성숙해지고 자존감을 키울 수 있는 상황이다. 무조건적인 애정과 신뢰는 자존감의 바탕이 되지만, 무조건적인 칭찬과 인정은 개인을 오히려 온실 속의 화초로 만들어 성장을 가로막는 요인이 될 수 있다. 비록 스트레스를 받는 환경이라도 내가 감정을 정리하고 관념을 정립할 수 있는 계기가 된다면 나의 성장을 더욱 가속시키는 요소로 작용할 수 있다.

· 내가 만드는 자존감

스스로 사고하고 자신의 자존감을 관리할 수 있는 수준이 되면 타인의 영향은 점차 줄어들고 개인이 자존감에 미치는 영향력은 더욱 확대된다. 내가 나의 자존감을 조절하고 관리할 수 있다는 의미다.

내가 나의 자존감을 만든다는 것은 나에게 영향을 미치는 피드백을 외부에서만 받는 것이 아니라, 내가 직접 만들어 내는 것도 가능하다는 뜻이다. 어떠한 일을 수행하는 과정과 결과에 대해 타인의 피드백 이전에 스스로 '잘했어', '아쉬워', '못했어', '괜찮아', '할 수 있어' 등의 평가와 인정, 존중을 내가 나에게 직접 내릴 수 있기 때문이다. 그리고 만나는 사람들과 나를 둘러싼 환경을 어느 정도 통제할 수 있게 되어 외부로부터 자극에 대한 통제가 가능해진다.

사실 외부로부터 들어오는 자극은 보통 거의 대부분 나의 어떠한 말과 행동에 대한 외부의 피드백인 경우가 많다. 나의 무의식적인 표정과 말투, 다른 사람에게 내가 보여준 모습과 나의 말, 행동이 상대방에게 영향을 미쳐 발생한 피드백이라는 것이다. 그래서 외부의 피드백이 나로부터 발생한다는 것을 인지하고 더욱 긍정적인 피드백을 받기 위한 노력을 통해 조금씩 변화해 간다면 자존감은 자연스럽게 높아지고, 이와 동시에 나를 둘러싼 환경과 인생은 반드시 변화하게 된다.

· 자존감이 만드는 나

타인과 내가 만든 자존감은 또다시 우리 삶에 영향을 미친다. 자존감은 우리의 무의식 영역에 자리 잡아 살아가면서 다른 사람들과 의사소통하는 기반이 되어 우리 삶 전반의 모든 부분에 영향을 미치기 때문이다.

자존감은 다른 사람들과 관계를 형성하고 유지하는 과정에서 개인에게 '매력'을 부여한다. 자신이 있지만 거만하게 보이지 않고, 주관이 있지만 고집으로 느껴지지 않고, 겸손하지만 부족해 보이지 않고, 바쁘고 긴박한 상황 속에서도 항상 마음의 여유가 있다. 의견 충돌이 있더라도 존중이 담겨 있어 감정이 소모되기보다 발전적인 의견이 도출되고, 연인 관계에서는 갈등이 생기더라도 애정이 녹아 있어 사랑을 의심하는 형태로 변질되지 않는다. 세상의 모든 일은 사람을 통해 이루어진다. 관계 속에서 살아가는 인간으로서 자존감이 만들어 주는 개인의 '매력'은 주변 사람들과의 관계를 더욱 윤택하게 만들어 주는 핵심 요소로 작용하며, 윤택한 인간관계는 자연스럽게 성취와 행복으로 연결된다.

"

나에 대해 알고 상황을 이해하면
자존감을 관리할 수 있다

"

자존감에 영향을
미치는 요소

자존감에 영향을
미치는 요소

우리의 자존감에 영향을 미치는 요소는 어떻게 보면 우리의 삶 전체라고 할 수 있다. 그리고 이를 조금 더 세부적으로 분석해 보면 타인으로부터의 자극과 같은 외부 환경, 그리고 자존감을 느끼고 외부의 자극을 인식하는 나 자신이라고 할 수 있다. 결과적으로 모두 관계에서 비롯되는 것들이며, 이러한 다양한 요인들을 얼마나 이해하고 제대로 인식하며 받아들일 수 있느냐에 따라 자존감을 관리하는 방법 또한 능숙해지고 성숙해질 수 있다. 가능하다면 여기서 다루게 될 부정 요인을 관리하고 긍정 요인을 발전시켜야 할 것이며, 회복 요인을 파악하여 자존감을 회복하고 더욱 성숙해질 수 있는 자신만의 방법을 강구해야 할 것이다.

┃ 부정 요인

   부정 요인을 다룰 때의 핵심은 부정 요인이 우리의 자존감에 부정적인 영향을 미칠 수 있다는 뜻이지 그렇다고 해서 해당 요인 자체가 잘못되었다고 받아들여서는 안 된다는 것이다. 선천적으로 가지고 있는 천성, 이후 경험에 따라 형성된 성격과 외부 반응에 대한 자극은 우리가 앞으로 계속해서 관리해 나가야 할 인정하고 받아들여야 하는 우리의 모습이기에, 이를 문제 삼아 또 다른 문제를 만들어 낸다면 문제 해결을 위한 과정은 더욱 힘겹고 복잡해진다.

   예를 들어 당신이 일상생활 속에서 상대방의 말과 행동 하나에 지나치게 의미 부여를 하고 예민하게 받아들인다면, 이는 개선해야 할 점이라고 할 수 있겠지만, 그렇다고 해서 예민한 반응 자체를 문제로 인식해서는 안 된다는 것이다. 이런 상황에서는 내가 예민하다는 것을 인식하고, 내가 왜 예민한 반응을 하는지 과거의 경험이나 나의 감정을 통해 되돌아보고 스스로 조금씩 변화하면서 나를 예민하게 만드는 외부의 자극을 조절하고 통제하기 위한 단계로 넘어가야 한다. 하지만 나의 예민한 모습 자체를 문제 삼기 시작하면 자존감 하락, 자괴감, 합리화, 방어기제 형성 등 문제 해결과는 거리가 멀어지게 된다.

모든 사람은 단점이 있다. 그리고 장점도 있다. 모든 문제의 해결은 현재의 나 자신을 인정하고 포용하는 것으로부터 시작하기에 현재 나에게 해당되는 부정 요인은 어떤 것이 있는지, 어떠한 상황에서 발휘되는지 그리고 이를 어떻게 조절해 나갈 수 있을지를 고민해 봐야 한다.

1) 감정

· 열등감

어떻게 보면 질투심, 열등감은 우리 모두에게 매우 친숙한 감정이다. 어려서부터 성적을 가지고 서열을 매기고 다른 사람과 비교하고 당하는 것에 매우 익숙하기 때문이다. 그래서 나보다 잘난 사람이 있으면 시기, 질투하게 되고, 열등감을 가지게 된다. 나보다 성적을 잘 받은 친구가 부럽고, 돈을 많이 번 친구가 부럽고, 좋은 배우자를 만나 결혼한 친구가 부럽다. 개인마다 그 감정의 크기가 다를 것이고 또 상대방이 누구냐에 따라 감정이 달라지겠지만, 우리는 비교에 익숙해져 다른 사람보다 더 나은 모습을 보여주고 싶어 하고 반대로 상대방의 잘나 보이는 모습에 질투한다. 이러한 모습이 지나치면 단순히 부러워하는 것을 넘어서서 상대방을 비꼬거나 내려치는 방식으로 표현되기도 한다.

특히나 요즘은 SNS, 유튜브 등의 발달로 개인을 표출할 수 있는 창구가 증가하게 되면서 누군가 성공하고, 잘나가는 모습을 우리 일상 속에서 더 많이 볼 수 있게 되었다. 세상에는 성공하는 사람과 실패하는 사람이 모두 존재하지만, 편향된 성공 사례에 노출되는 사람들은 무언가 내가 잘못 살고 있는 것처럼 느껴지고, 당장 무언가를 해야 할 것 같은 초조한 감정을 가지게 된다. 반대로 자신의 실패와 초라함을 콘텐츠로 제작해 불쌍함을 강조하는 사람에게도 엄청난 관심이 집중된다. 안타깝다는 동정과 함께 나보다 상황이 힘든 사람이 있다는 것을 통해 마음의 위안을 얻는다. 비교를 통해 만족감을 느끼고 좌절감을 느끼는 것이다.

하지만 우리의 인생은 매우 복잡하고 다양한 모습으로 존재한다. 어느 한 분야에서 뒤처지는 모습이 결코 인생의 뒤처짐은 아니라는 것이다. 세상에 완벽한 사람은 없고 누구나 살아가면서 상당한 고민거리를 가지고 산다. 부자는 부자대로, 가난한 사람은 가난한 사람대로, 각자가 처한 상황이 다르기에 고민이 다를 뿐 모두가 자신의 삶에 대해 고민하고 힘들어하며, 이를 극복하기 위해 많은 노력을 한다.

학교에서 성적으로 상위 10%의 학생들을 모아두면 또다시 1등과 꼴찌가 발생한다. 그리고 이들을 분류하는 기준 또한 이들이 가지고 있는 다양한 매력과 다른 분야에 대한 능력치, 잠재 능력을 기반으로 한다기보다는 단순 학교에서의 시험에 의해 결정된 성적일 뿐이다. 그리고 우리가 삶을 살아가는 데 있어 중요한 가치는 시험 성적 외에도 너무나 많다. 중요한 것은 내가 행복한 삶을 살아가기 위해 각자 중요하다고 생각하는 가치를 정립하고 이를 위해서 꾸준히 노력해 나갈 수 있느냐는 것이다.

비교는 끝이 없고 그 기준도 수없이 많으며 이를 어떻게 받아들이느냐에 따라 나는 당장 오늘부터 행복해질 수도 있고 불행해질 수도 있다. 하지만 행복과 불행이 비교에 의해 결정된다면, 우리는 평생 비교로부터 자유로워질 수 없으며, 상황에 따라 계속해서 불행과 행복을 오가게 될 것이다. 우리의 삶이 비교로부터 완전히 벗어나는 것은 현실적으로 불가능하겠지만, 스스로가 자신을 수용하고 존중하고 인정해 준다면 비교로부터 조금은 더 자유로워질 수 있다. 다른 사람의 성공을 진심으로 축하하고, 다른 사람의 실패를 진심으로 격려해 주고,

다른 사람의 도전을 진심으로 응원해 줄 수 있는 모습이다. 그리고 내가 먼저 그런 모습을 보여줄 때 나 또한 진심 어린 응원과 격려를 받을 수 있다. 그런 인간관계를 유지할 수 있는 사람들과 함께하는 행복은 외부 환경에 의한 영향을 더욱 적게 받으며 더 오래 지속된다.

· 분노

우리의 자존감에 영향을 미치는 또 다른 중요한 감정 중 하나는 '분노'라고 할 수 있다. 일상 속에서 왜 화가 나는지를 잘 생각해 보면 보통 그 원인은 내가 생각한 대로 일이 풀리지 않거나 내가 존중받지 못한다는 느낌을 받았을 때 발생한다. 업무 프로젝트가 생각한 것보다 훨씬 늦어지고 내용물이 부실하다거나, 약속을 잡았는데 상대방이 약속에 늦거나 잊어버렸을 때, 상대방이 나에게 화를 내거나 내가 억울한 상황에 처했을 때 등이다. 그리고 그런 상황에서 우리의 분노는 그 방향성에 따라 다르게 표현된다.

만약 우리가 분노할 때 이에 원인이 되는 명확한 대상이 있거나 스트레스를 쏟아낼 대상이 있다면, 대상에 대한 질책과 비난으로 표현된다. 회의감이 동반될 경우 무시라는 대응으로 나타나기도 하고, 분노할 대상이 없고, 혹시 있더라도 어떻게 표현하고 통제할 수 없는 상황이라면 그 스트레스는 우리의 마음속에 머물러 울분이 된다. 그리고 더욱 문제가 될 수 있는 부분은 분노의 감정이 생길 때마다 잘 다스려지지 않으면, 쌓이고 쌓여 한이 되고 우리의 내면을 병들게 만든다는 것이다. 그렇다면 우리는 어떻게 우리의 화를 다스릴 수 있을지에 대해서 고민해 봐야 한다. 좀 더 구체적으로 나누어 생각해 본다면, 화를 내는 이유, 화를 효율적으로 분출하고 해소하는 방법이다.

내가 화를 내는 이유는 결국 어떠한 현상이나 대상이 내 마음에 못 미덥기 때문이다. 내가 가지고 있는 기준에 의해 결정된다는 것이다. 그렇기에 개인의 기준을 결정하는 가치관과 그 엄격함이 영향을 미친다. 완벽주의 성향을 가지고 있는 사람이라면 본인이 직접 처리한 일이 아닌 다른 사람의 결과물을 보고 흡족하게 여길 가능성이 낮을 것이며, 내가 상대방에게 매우 높은 기대를 가지고 있었던 상황이라면 이러한 기대가 충족되지 않았을 때 실망하고 짜증이 날 수 있다. 기념일에 화려한 이벤트를 기대했지만, 이벤트가 마음에 들지 않는다면 화가 날 수 있고, 깔끔한 사람이라면 지저분한 모습에 화가 나고, 즉흥적인 사람이라면 계획적인 모습이 갑갑하게 느껴질 수 있다. 그래서 화를 내지 않으려면 나의 기준을 상황에 맞추어 변화시킬 수 있는 융통성이 필요하다. 그리고 나의 기준과 상대방에 대한 기대는 모두 나의 욕심 중 하나라는 것을 이해해야 한다.

세상 사람들은 모두가 서로 다른 가치관과 기준을 가지고 있다. 애초에 모든 사람의 기준을 충족시켜 줄 수 있는 사람도 없을뿐더러 나의 모습과 행동 또한 다른 누군가의 기준에는 부합하지 않을 수 있다. 그래서 상대방이 나의 기준과 기대를 충족시켜 주기를 원하는 것은 나의 욕심이라는 것을 인식하고 이를 상대방과의 관계에 적용하면 좀 더 윤택한 인간관계를 형성하는 것에 도움이 된다. 상대방을 좀 더 이해하고 배려하게 되고 내 기준과 상대방에 대한 기대에 초점을 맞추기보다 상대방을 향한 나의 감정에 더욱 충실해지기 때문이다. 연인 관계라면 애정과 관심을 표현하면서 상대방에게 특정 반응을 요구하기보다 상대방의 모습 자체에 집중하게 되고, 나의 애정과 관심을 표현하는 것 자체에 더욱 몰입하게 되어 더욱 성숙하고 깊은 관계로 발전이 가능해지며, 직장이라면 업무 결과에 대한 긍정적인 피드백이나 상사의 평가보다 업무 자체에 몰입하게 되어 결과적으로 더 나은 성과와 피드백으로 드러나게 된다. 부모님이 우리에게 주는 사랑이 어떠한 기준과 기대 없이 주어지는 무조건적인 사랑이기에 더욱 소중하고 가치가 있듯이, 때로는 기준과 기대를 낮추는 것이 우리의 감정을 더욱 풍요롭게 만들고 더 나은 인간관계를 구축하는 데 도움이 된다는 것을 알아야 한다.

　우리가 화를 분출하고 해소하는 방식은 매우 중요하다. 분노를 해소하는 과정에서 자기 파괴적으로 분노를 표출하거나, 분노의 방향이 상대방을 향한다면 그 관계 또한 망가지고 그 후폭풍은 나에게 되돌아오기 때문이다. 자기 파괴적인 모습은 화를 풀기 위해 폭식을 하거나, 만사에 예민하고 비판적으로 변하거나, 술이나 담배, 게임 등 중독이 될 만한 요소에 의존하는 것 등이 포함되며, 상대방을 향한 분출은 짜증을 내고, 화를 내고, 비난하며 질책하는 것 등이 포함된다.

　현재 우리 사회는 매우 많은 분노를 마주하고 있다. 세대, 남녀, 부부, 지역, 종교, 빈부, 학벌 등 다양한 분노와 갈등은 우리 주변에 밀접하게 연결되어 있고 개인의 의견 표출이 자유로워지고 이를 표현할 수 있는 창구가 넓어지는 만큼 분노의 감정이 매우 공공연해지게 되었다. 각종 커뮤니티 게시물이나 뉴스, 유튜브 댓글 등을 잘 살펴보면 콘텐츠 또한 매우 자극적일 뿐더러 그 안에서 많은 사람들이 관심을 보이는 댓글 또한 사람들의 분노를 부추기는 내용인 경우가 많다. 특히 분노는 다른 감정에 비해 자극적이고 전염성이 강하다. 우리 삶에 상당한 영향을 미치기에 그만큼 분노라는 감정을 잘 인식하고 해소할 수 있어야 한다.

'분노'라는 감정은 에너지로 작용하여 우리를 행동하게 만들고 어떻게든 감정을 분출하도록 만든다. 따라서 화를 속으로 삭이면서 화병으로 발전시키기보다는 우리에게 도움이 될 수 있는 활동으로 분출하여 해소하는 것이 더욱 효율적이다. 일기를 쓰거나, 운동을 하거나, 취미에 몰입하는 등 생산적인 활동을 통해 해소하는 것, 사람과 만나 대화를 하는 것도 좋은 해소책 중 하나이지만, 이 또한 능숙하지 못할 경우 상대방과의 상호 소통으로 긍정적인 에너지를 주고받는 것이 아닌 상대방을 감정 쓰레기통으로 만들고 관계가 악화될 수 있다는 것을 이해하고 더욱 조심해야 할 것이다.

· 슬픔

슬픔 또는 좌절감은 과거로부터 발생한 사건에 의해 현재의 내가 휘둘리고 있는 감정이다. 외부의 자극이 너무나도 크거나 이에 대응하기에 스스로 약해져 있어 나의 에너지가 분노와 같이 외부로 표출되는 것이 아닌 내부로 확산되는 현상이다. 간절하게 원하던 시험에서 떨어졌을 때, 바라던 일이 달성되지 않았을 때, 이별했을 때와 같이 슬픔이나 좌절감을 느껴 마음이 꺾이고 힘든 상황에서는 눈물, 흐느낌, 혼잣말이 자연스럽게 흘러나온다. 이처럼 슬픔과 좌절감은 나를 전체적으로 적시는 감정으로서 깊은 감정에 빠진 상태로 일정 시간을 보내게 만든다.

그렇다면 어떻게 슬픔과 좌절감을 관리할 수 있을까? 우리에게 슬픔이나 좌절감을 주는 사건은 보통 우리가 통제 불가능한 상황, 그리고 큰 사건을 통해 발생하기에 그 요인 자체를 멀리하는 것은 쉽지 않다. 큰 실수 또는 실패를 했을 때, 큰 상처를 받았을 때, 억울한 마음이 들 때, 깊은 관계를 상실했을 때 등과 같이 외부로부터의 자극이 너무나도 크고 그 감정을 분출할 대상이 특별히 없을 때 그 에너지가 나를 향하게 됨으로써 슬픔과 좌절감이 생기기 때문이다. 그래서 슬픔이라는 감정이 드는 상황을 회피하려고 하기보다는 그 감정을 바로 직시하고 다루면서 빠르게 회복하는 것이 효과적이다. 특히 슬픔과 좌절감은 어떠한 현상에 의해 일차적으로 발생하는 감정이고, 깊어지고 오래 유지될수록 우울함, 무기력 등 장기간 이어지는 또 다른 감정으로 전환되어 더 큰 문제를 만들 수 있기에 감정이 발생했을 때 너무 깊고 오래 이어지지 않을 수 있도록 적절한 해소가 필요하다.

분노라는 에너지는 말 또는 행동으로 분출되면서 해소될 수 있다. 하지만 슬픔이라는 에너지는 이미 나를 적신 감정이기에 전체적으로 잘 말려주는 것이 중요하다. 나를 따뜻하게 감싸

주고 보듬어 주는 것, 슬퍼하는 나를 이해하고 위로해 주는 것, 잘 자고, 잘 먹으면서 몸을 튼튼하게 해주는 것이 슬픔과 좌절감을 잘 극복할 수 있는 방법이다. 그래서 다른 감정과 다르게 슬픔과 좌절감은 시간이 해결해 준다는 말을 하기도 한다. 시간은 자연스럽게 나를 적신 감정을 조금씩 말려주기 때문이다.

우리의 몸은 항상성이라는 것을 가지고 있다. 항상성이란 외부의 다양한 자극에 반응하여 일정한 상태를 유지하려고 하는 성질이다. 이러한 항상성은 우리 몸의 상태뿐 아니라 우리의 마음에도 동일하게 적용된다. 우리의 마음이 특정한 감정에 깊게 빠져 있으면, 마음은 원래의 상태로 회복하기 위해 나를 삼키고 있는 감정을 조금씩 회복시킨다. 이처럼 슬픔이라는 감정을 계속 자극하지 않고 일상에 집중해서 지내다 보면 시간이 흐르면서 자연스럽게 회복된다.

· 불안

슬픔과는 달리 불안은 미래의 불확실한 상황으로부터 발생하는 감정이다. 불안함, 초조함과 같은 감정은 현재에서 앞으로 이어지는 미래로 연결되기에 분노, 슬픔과 같이 어느 정도 분출되면 사라진다기보다 계속해서 유지되며 이어지는 감정이다. 그리고 그 원인이 되는 사건이 종결되어야 비로소 감정이 해소된다는 특징이 있다. 예를 들어 연속된 취업 면접에서 떨어져 좌절한 상황이라면 결국 취업을 하거나, 다른 분야로 진로를 변경하는 등 상황이 달라지거나, 다른 관점으로 인식할 수 있는 사건이 동반되었을 때 사라지며, 준비되지 않은 막막한 미래에 대해 불안함을 느낀다면 미래를 위한 어떤 준비가 실현되지 않는 이상 계속해서 유지될 가능성이 높다.

불안이라는 감정을 다스리는 핵심은 이를 불러일으키는 감정이 과거에 이미 일어났던 일에 영향을 받고 있으며, 불안함을 일으키는 원인이 아직 오지 않은 미래의 사건이라는 점을 명확히 인식하는 것이다. 과거에 일어난 사건으로 인해 좌절했다고 할지라도, 앞으로 미래의 사건은 나의 노력에 의해 얼마든지 변화할 수 있기 때문이다. 미래가 막막해서 불안하다면 막막한 미래를 조금 더 구체화시키고 불안함이라는 감정 에너지를 이를 실현시키기 위한 노력으로 치환하고, 과거 실패에 좌절했다면 다시 그런 상황이 발생하지 않을 수 있도록 태도, 실력, 환경 등을 변화시켜 더 나은 상황을 만드는 것 등이 해답이 될 수 있다.

불안함은 과거에 일어난 사건을 바탕으로 미래에 발생할 수 있는 부정적인 가능성을 탐지하는 레이더와 같다. 불안하다고 해서, 걱정한다고 해서 당장 변하거나 해결되는 것은 없고, 부정적인 마음을 가득 안고 살아가면서 고통받는 것이 분명 좋다고 할 수는 없다. 그러므로 불안한 감정이 든다면 계속해서 불안함만 느끼고 있기보다는 이를 활용하여 미래의 더 나은 가능성을 준비하는 것이 불안함을 통해 미래를 준비하고 불안함을 줄일 수 있는 방법일 것이다.

사람의 생각과 신체는 현재를 살아가는 것에 집중하도록 설계되어 있다. 그래서 현실을 충실하게 살아가다 보면 일어나지 않은 미래로부터 발생하는 부정적인 감정들이 조금씩 줄어들게 된다. 또한 부정적인 감정은 체력, 호르몬 등 개인의 신체 상태에 상당한 영향을 받기에 잠, 운동 등 컨디션과 활력을 잘 유지해야 하며, 현재 마주하고 있는 문제를 해결하기 위해 노력하며 충실하게 살아가다 보면 자연스럽게 해소될 가능성이 높다.

불안하고 초조한 감정이 느껴질 때는 일단 차분하게 나의 감정을 돌아보는 것이 우선이다. 감정은 무의식에 자리 잡아 우리의 말과 행동으로 나타나기에 외부에 부정적인 자극을 주고 마찬가지로 부정적인 피드백을 만들어 더욱 불안해질 가능성이 높기 때문이다. 이러한 패턴에 익숙해지면, 문제 해결과는 거리가 먼 형태로 불안과 초조함에 더욱 깊게 빠지게 되는 상황이 생길 수 있다. 하지만 왜 내가 불안한 감정을 느끼는지를 곰곰이 생각해 보면 내 머릿속에 불확실한 미래의 상황이 자리 잡고 있다는 것을 알게 될 것이며, 그 문제를 해결하기 위한 고민과 행동이 동반된다면, 불안하고 초조한 감정은 자연스럽게 줄어들게 될 것이다.

2) 결핍

· 허세

자랑은 나의 칭찬받을 만한 것들을 다른 사람들에게 드러내는 것이며, 허세는 여기서 한술 더 떠 자랑할 만한 것이 없음에도 겉으로 있는 척하는 것을 말한다. 그리고 우리가 가지고 있는 여러 욕구 중 인정과 존경의 욕구가 제대로 채워지고 있지 않을 때 나타난다. 이미 주변 사람들에게 충분히 인정과 존경을 받고 있고 스스로 안정되어 있다면, 굳이 자랑을 하고 허세를 부릴 이유가 없기 때문이다. 화목한 가정에서 사랑을 받으며 자란 아이가 일상생활 속에서 관심과 사랑을 갈구하지 않는 것과 같다.

우리나라 사람들은 겉으로 보이는 모습에 매우 민감해하고 연연해 한다. 어려서부터 비교와 평가가 익숙해져 상대방보다 조금이라도 더 잘나 보이고 싶은 마음, 무시당하고 싶지 않은 마음이 기저에 깔려 있고 자신의 존재와 가치에 대해 충분히 인정받아 본 경험이 많지 않기 때문이다. 또한 어떤 행위를 하는 것 자체로 인정받는 것이 아니라, 좋은 성과를 내었을 때만 칭찬과 인정을 받는 것에 익숙해져 열등감을 크게 가지고 있을수록 더욱 나를 인정받고 존중받기를 갈구한다. 그리고 이러한 결핍은 자랑과 허세라는 형태로 주로 나타난다. 잘나가는 것처럼 거들먹거리거나, 명품을 좇는 것, SNS에 설정 샷으로 도배하는 것 등이다.

처음 만난 상대방에 대해 잘 알지 못하는 상황일 때, 그 사람의 인상과 평가는 주로 겉모습으로부터 영향을 받는다. 그래서 나보다 잘난 상대방의 모습을 보면 상대적 박탈감을 느끼고, 반대로 나보다 못난 모습을 보면 상대적으로 만족감을 느끼기도 한다. 스스로 자신을 인정하고 존중하는 방식을 제대로 배우지 못해 상대방과의 비교를 통해 해결하려 하는 것이다.

하지만 인정과 존중은 내가 호소한다고 해서 얻어질 수 있는 것이 아니라 실제 나의 말과 행동, 인격과 성품, 그리고 결과물에 의해서 자연스럽게 얻어지는 것이다. 그래서 내실이 다져지지 않은 겉보기에만 치중한 자랑과 허세는 절대 개인의 결핍을 충족시켜 줄 수 없다. 오히려 자기 자신의 모습을 포장하고 과장할수록 더 큰 공허함에 사로잡히게 될 가능성이 크다. 포장된 모습으로 다른 사람과 만나 관계를 형성한다고 하더라도 시간이 지남에 따라 원래 나라는 사람의 본래 모습에 맞춰 관계가 다시 조정되기 때문이다. 마음에 여유가 넘치는 척을 해도 실제 마음에 여유가 없으면 생활 속에 자연스럽게 묻어나오기 마련이며, 상대방이 내 자랑과 허세, 그리고 실제 모습과의 괴리감으로 의구심을 품게 될 경우 나에 대한 상대방의 평가는 오히려 더욱더 나빠지기도 한다.

포장된 나의 모습과 실제 삶의 괴리감은 나 자신이 가장 잘 알고 있기에 그 괴리가 크면 클수록 스스로 괴로워진다. 그래서 결핍을 채우기 위해 더욱 자랑하고 허세를 부리는 악순환으로 반복되기도 한다. 그렇다면 어떻게 인정과 존경의 욕구를 충족시켜 정서적인 안정감을 가져올 수 있을까?

먼저 다른 사람의 인정과 존경은 내가 간절히 바란다고 해서 이루어지는 것이 아니라, 나라는 사람의 말과 행동, 일관적인 모습에 의해 결정된다는 사실을 알아야 한다. 인정받기 위해서는 인정받을 만한 말과 행동을 해야 한다는 것이다. 더 나은 사람이 되고, 실력을 쌓아 다양한 성취를 이루게 되면, 내가 굳이 말하지 않더라도 주변 사람들이 인정하고 존중해 주기 때문이

self-esteem practice

다. 그리고 누구보다도 나 자신이 스스로를 인정하고 존중해 줄 수 있어야 한다. 결과가 아닌 과정에서 이루어진 나의 노력에 대한 인정이다. 다른 사람은 겉으로 드러난 모습을 주로 보기에 어떠한 성과나 성취가 없으면 이를 인정받기가 쉽지 않은 것이 사실이다. 하지만 그 과정에 대해 모든 것을 아는 사람은 나 자신이기에 스스로의 노력을 인정하고 존중할 수 있어야 한다. 그 결과에 상관없이 내가 의지를 가지고 충분히 시간과 정성을 들여 노력했다면 그 자체를 인정해 주는 것이 필요하다. 그리고 모든 과정에는 반드시 교훈이 있다. 교훈을 찾아 배우고 더 나은 사람이 되면 결과는 물론 외부의 인정과 존경도 자연스럽게 따라온다. 또한 다른 사람과의 비교에서 조금 더 초연해질 수 있다.

허세는 실속 없는 자랑이지만, 상황에 따라 자랑이 필요한 경우도 분명히 있다. 관계를 형성하는 데 있어 나라는 사람을 상대방에게 어필하고 좋은 인상을 남기는 것은 분명 중요하기 때문이다. 그래서 자랑을 하더라도 좀 더 세련되고 담백하게 표현하는 방법을 알아야 한다. 그렇다면 자랑은 어떤 식으로 이루어져야 할까?

먼저 자랑은 객관적인 사실을 바탕으로 해야 한다. 더욱 극적으로 표현하기 위해 과정을 더욱 축소시키거나 결과를 부풀리는 것은 지양해야 한다. 정말 치열하게 공부해서 높은 성적을 얻었는데, 공부를 별로 안 했다고 하거나 더 높은 점수를 받은 것처럼 과장해서 말하는 것, 투자를 했는데 손해를 본 것은 전혀 말하지 않고 수익을 본 것만 과장해서 말하는 것 등이다. 사람들은 솔직한 모습에 더 큰 매력을 느낀다.

다음으로는 결과보다는 과정에 집중해서 전달하는 것이 좋다. 사람들은 과정이 있는 결과를 더 납득하고 인정하며 우호적으로 받아들이기 때문이다. 좋은 성취를 냈다면 그 결과만 자랑하기보다는 어떠한 노력이 동반되었는지에 대해 함께 전달하면 상대방은 더욱 진심으로 받아들인다.

또한 자랑은 반복하지 않는 것이 좋다. 처음에는 진심으로 대단하다고 생각하는 일도 계속해서 듣게 되면, 오히려 반감이 생기게 되는 법이다. 그리고 '나는 ~를 잘한다' 식의 언급은 하지 않는 것이 좋다. 실력과 관련된 부분은 직접 잘한다고 해서 인정받는 것이 아니라, 상대방이 직접 느끼도록 만들어 주어야 하기에, 스스로 잘한다고 말하는 것은 아무런 의미가 없다. 오히려 본인이 말한 자랑으로 인해 기대와 현실이 비교되어 더욱 저평가될 가능성도 있다.

스스로를 인정하고 존중하며, 마찬가지로 다른 사람을 인정하고 존중할 수 있는 사람은 당연히 타인에게도 인정과 존중을 받는다. 그리고 그런 사람은 다른 사람의 자랑과 허세에 큰 영향을 받지 않는다. 이러한 정서적인 안정감은 사람의 매력이 되어 더 좋은 인간관계를 형성하는 데 도움을 준다.

· 쾌락

결핍에 의해 발생하는 또 다른 모습 중 하나는 쾌락을 좇고 계속해서 새로운 자극을 찾아다니는 것이다. 이러한 상황은 에너지는 있지만, 가정, 친구, 직장 등 일상생활 속에서 즐거움이나 만족감을 느끼지 못하거나 삶의 목표가 특별히 없어 공허함을 느끼는 경우에 주로 발생한다. 그래서 생활 속에서 의미를 찾고 자연스럽게 욕구를 채우는 것이 아니라 욕구 그 자체를 좇으며 특별한 활동을 찾아다닌다. 그리고 그 욕구는 감각적인 부분에 치우쳐 있는 경우가 많다. 식욕이나 수면욕, 성욕과 같은 욕구나, 선정적이고 폭력적인 콘텐츠, 술, 담배, 게임에 대한 중독 행위 등이다.

사람의 욕구는 충분히 해소되어야 한다. 하지만 감각적인 욕구는 충족되더라도 충족감이나 만족감이 오래가지 못하고 쉽게 사라진다는 특징이 있다. 또한 욕구를 좇는 행동은 소모적인 에너지 낭비를 발생시켜 건강이나 체력에 영향을 미치며, 쾌락과 자극에 익숙해질수록 더 큰 쾌락과 새로운 자극을 찾도록 만들어 사람을 피폐하게 만든다. 폭식하는 것이 습관이 되면, 살이 찌고 위가 늘어나 같은 포만감을 느끼기 위해서 더 많은 음식을 먹어야 한다거나, 게임 중독에 빠지면 잠을 자야하는 시간임에도 게임을 하다가 일상생활이 더욱 힘들어지는 것과 같은 악순환을 발생시킨다. 그래서 더 나은 삶을 살아가기 위해서는 감각적인 욕구를 관리할 수 있어야 한다. 어떠한 부분에서 결핍을 느끼는지 스스로 인지하고 이를 다루지 못하면, 무엇이 문제인지조차도 알 수 없는 상태로 쾌락과 자극에 끌려다니게 되기 때문이다.

요즘 사회는 점점 더 자극적으로 변해가고 있다. 뉴스만 봐도 수많은 사건 사고가 주요 헤드라인을 구성하고 있고, 유튜브나 광고 또한 관심을 받기 위해 내용은 별것 없더라도 섬네일이나 제목은 엄청 자극적인 문구로 도배하며, 각종 커뮤니티나 댓글만 봐도 좋은 내용보다는 비난과 욕이 주를 이루고 있다. 사람이 자극에 끌리는 것은 당연한 일이지만, 중요한 문제는 이러한 자극에 반복적으로 노출되었을 때 자극에 익숙해져 더욱 강렬한 자극을 찾아다니게 된다는 것이다.

쾌락과 자극을 관리하기 위한 가장 좋은 방법은 감각적인 욕구뿐만이 아니라 정서적인 욕구를 함께 충족시켜 주는 것이다. 그리고 특정 행위가 아니라 일상생활 속에서 자연스럽게 해소할 수 있도록 살아가는 것이다. 쾌락과 자극을 좇는 행위는 무기력과 달리 에너지는 있지만 방향성이 쾌락과 자극을 향하는 것이므로 에너지를 다양하게 활용할 수 있는 방법을 통해 관리할 수 있다. 삶에 대한 목표 의식을 가지고 이를 위해 노력하는 과정에서 얻을 수 있는 성취와 성장, 자부심과 보람, 주변 인간관계에서의 존경과 신뢰, 사랑과 애정 등이다. 다양한 사람을 만나고, 자기 계발을 하는 과정에서 얻게 되는 다양한 경험들은 삶을 더욱 알차고 의미 있게 만들어 준다. 그리고 그 결과는 다시 삶에 영향을 미쳐 더욱 긍정적인 삶의 선순환을 불러일으킨다.

· 단절

가족, 애인, 친구, 반려동물 등 내가 사랑하고 애정을 가지고 있는 주변 사람과의 이별이나 관계의 단절은 그 자체로 개인의 내면에 결핍을 만드는 주요 요인이다. 그들은 인간관계와 일상을 구성하며 그 존재 자체로 나의 삶 일부분을 차지하고 있기 때문이다. 그래서 관계의 단절은 공허함과 허탈감을 불러일으킨다. 평소에 그들이 충족시켜 주고 있던 나의 다양한 욕구들이 상실되었을 때, 일상생활 속의 다른 인간관계 속에서 충족될 수 있다면 모르지만, 그들이 삶에 차지하고 있는 비중이 클수록 이를 다른 환경과 사람을 통해 충족시키기는 쉽지 않을 가능성이 높기 때문이다.

하지만 관계라는 것은 영원할 수 없는 것이 현실이다. 시간, 질병이나 사고, 이직이나 이사와 같은 환경적 요인, 감정적인 갈등 등 다양한 요인에 의해 우리는 언젠가 주변 사람들과 이별을 마주한다. 이런 상황 속에서 이별을 제대로 극복하지 못해 상실감을 이겨내지 못하고, 상처를 계속 안고 살아간다면, 우리가 앞으로 마주해야 할 관계의 단절이 너무나도 많아 더욱 행복한 삶을 살아가기 어렵게 만드는 요인으로 작용하게 될 것이다.

그래도 우리가 긍정적으로 바라볼 수 있는 부분이라면, 반대로 우리는 단절되는 관계만큼 새로운 관계를 계속해서 만들어 나가게 될 것이라는 점이다. 그래서 새로운 관계를 잘 형성할 수 있는 능력을 키워야 한다. 사람을 좋아하고, 관계에 있어 좀 더 적극적이고 더욱 매력적인 사람이 되어 여러 사람들과 다양한 관계를 쌓고, 이를 잘 유지해 나갈 수 있는 능력을 갖춘다면 앞으로 마주하게 될 여러 상실 속에서도 기존의 다른 관계와 새로운 관계를 통해 상실감을 극복할 수 있는 힘과 에너지를 얻을 수 있다.

만약 인간관계를 형성하고 유지하는 것에 서투르다면, 시간
이 지남에 따라서 새로 만들어지는 관계보다 줄어드는 관계가
더욱 많아져, 점점 더 외로운 사람이 될 가능성이 높다. 인간관
계는 복잡하고 혼자가 아닌 상대방과 부딪히며 배워야 하기에
어렵지만, 그래도 그만한 가치가 있다. 인간관계는 그 자체로
우리의 인생이기 때문이다.

인간관계는 마치 대중교통과 같다. 우연히 출발지가 같아 같
은 버스나 지하철에 타기도 하고, 방향이 다르면 중간에 내려
서 헤어지고 또 새로운 사람과 만나 함께하기도 하고, 때로는
전혀 다른 방향에서 왔더라도 목적지에서 만나기도 한다. 그리
고 나의 목적지가 다른 누군가에게는 출발지가 되어 만나자마
자 헤어지는 상황도 발생한다. 새로운 사람을 만나고 헤어지는
것은 자연스러운 순환의 과정이다. 그들이 어떤 이유든 떠나간
다고 해서 상실감에 괴로워하거나, 분노로 미워할 이유는 없
다. 관계가 단절되는 과정에 합당한 이유가 있다면, 인생이라
는 긴 여행에서 잠시라도 함께할 수 있었다는 사실에 감사하
고 또다시 만나게 될 다른 인연을 기대하는 것이 더 나은 대응
이 될 것이다. 이러한 측면에서 바라보면 우리가 현재 인간관
계를 맺고 있는 주변 사람들이 더욱 소중하게 느껴지고 이들

에게 더욱 충실하고 최선을 다하기 위해 노력하게 될 것이다.

· 강박

강박은 내가 원하는 목표와 현실의 괴리 속에서, 원하는 결과를 만들어 내고 싶은 욕심이 있을 때 주로 발현된다. 원하는 것을 얻는 것에 마음이 매달려 있으면, 계속 무언가 해야 할 것만 같은 마음이 들고, 의식적, 무의식적으로 이를 달성하기 위한 특정 생각과 행동을 반복하게 된다. 수험생이 휴식을 해야 할 때도 안절부절못하거나, 연인의 사랑을 확인하기 위해 일거수일투족을 감시하거나, 자녀에 대한 불안함을 줄이기 위해 연락에 집착하는 것 등이다.

강박의 문제점은 원하는 목표를 달성하는 것에 초점이 맞춰져 일상의 다른 부분에까지 영향을 미치게 된다는 것이다. 식사를 할 때, 잠을 잘 때, 씻을 때 등 전혀 상관없는 다른 일상생활 속에서도 몰두하고 있는 생각에 빠져 스스로도 마음이 불편하고, 말과 행동, 표정을 통해 그 마음이 겉으로 드러나게 되어 또 다른 사람에게 부정적인 영향을 미쳐 부정적인 피드백으로 돌아오는 상황이 발생한다. 회사에서 충분한 실적을 내지 못한 상황이라 성과를 내야 한다는 강박이 생기면 사람 자체가 여유가 없어지고 예민해지는 것과 비슷한 것이다.

어떠한 결과를 달성하기 위해 몰두하고 이를 위해 노력하는 것은 더 나은 성취를 달성하는 주요 요인이다. 하지만 강박으로 이루어지는 특정 행동의 반복은 원하는 결과를 이루는 것에 도움이 되기보다 오히려 여유를 잃어버리게 되어 더욱 힘들고 예민하게 만들어 원하는 목표 달성을 더욱 어렵게 만들수 있다. 혹시라도 그 강박과 집착의 대상이 사람이라면 오히려 인간관계가 망가질 가능성도 상당히 높아진다.

강박에서 벗어나기 위해서는 먼저 내가 원하는 것이 무엇인지를 정확하게 알아야 한다. 강박이나 집착의 모습을 보이는 사람조차도 정확하게 어떤 것 때문에 스스로 강박을 가지게 되는지 모르는 경우가 많기 때문이다. 예를 들어 스트레스를 받는다고 할 때, 스트레스가 포함하는 의미는 너무나도 다양하다. 가족, 애인, 친구, 학업, 취업, 업무, 경제적인 이유 등 어떤 분야에서 유발되었느냐에 따라 이를 해소하고 풀어나가는 방법 또한 모두 다를 것이다. 이와 마찬가지로 내가 어떠한 것 때문에 강박을 가지고 있는지 좀 더 고민해 보고 구체화시키면 나의 어떤 욕심 때문인지 더욱 명확하게 알 수 있다. 애인과의 연락에 집착하는 모습이 보인다면, 나의 외로움이나 불안함이 원인인지, 상대방과 소통이 안 되는 문제 때문인지, 상대방이 가지고 있는 특정 모습 때문인지 등을 좀 더 제대로 알아야 이에 대한 올바른 대처가 가능할 것이다. 만약 나의 외로움과 불안함이 원인이라면 강박을 해소할 수 있는 방법은 꼭 애인과의 연락뿐만이 아니라 다른 활동을 통해서도 극복할 수 있을 것이기 때문이다.

때로는 강박이 완벽주의로부터 비롯되는 경우도 있다. 나의 욕심이 너무 커서 발생하는 문제점이다. 이 경우라면 스스로 욕심을 조금 내려놓는 것도 방법이 될 수 있다. 기준을 조금 낮추는 것은 때로 더 큰 마음의 만족과 여유를 가져다주고 더 나은 결과로 이어지기 때문이다.

3) 방어기제

· 강한 척

사람은 누구나 나약한 면을 가지고 있다. 그래서 다양한 삶의 사건들과 인간관계 속에서 크고 작은 상처들을 받으며 살아간다. 때로는 믿음을 배신당하기도 하고, 인정이나 존중을 받지 못하는 상황도 생기고, 부정적인 평가를 받기도 하고, 폭력적이거나 날카로운 말을 듣기도 한다. 꼭 상대방에 의한 상처가 아니더라도 스스로 어떤 행동에 부끄러움과 죄책감을 느끼기도 하고, 불확실하고 막막한 미래를 생각하면서 끊임없이 불안해하고 혼란스러워하기도 한다.

　그런데 주변 사람들을 보면 나처럼 흔들리지 않고 굳세게 살아가는 것 같아 상대적으로 내가 무언가 잘못하고 있나 싶은 마음이 들기도 한다. 그래서 이를 극복하기 위한 의식적, 무의식적인 다양한 노력을 한다. 그 과정 속에서 발휘될 수 있는 미성숙한 방어기제 중 하나는 강한 척 그리고 괜찮은 척이다.

　강한 척이 문제가 되는 이유는 실제로 내가 강한 사람이 아니라 마음이 약한 사람이지만, 강한 사람인 것처럼 말하고 행동하면서 발생하는 인지부조화로부터 오는 자괴감 때문이다. 그리고 이러한 모습은 상대방에게 나라는 사람에 대한 오해를 불러일으키기도 한다. 나의 나약함을 숨기기 위해 더욱 공격적이고 과장된 말과 행동으로 이어지면서 인간관계는 불안해지고, 더욱 나약한 사람이 되고, 불쌍한 사람이 되기 때문이다.

　나의 나약함을 인지했을 때 이를 가장 먼저 보듬어 주고 회복시켜 줄 의무가 있는 사람은 나 자신이다. 그리고 스스로의 나약함을 인정할 때 나는 더욱 튼튼하고 단단한 사람이 될 수 있다. 그리고 그런 과정을 통해 좀 더 튼튼해진 사람은 스스로의 나약함을 다루어 봤기에 다른 사람의 나약한 모습을 좀 더 애정 어린 모습으로 바라보고, 이해하고 공감하며 더 큰 배려를 해줄 수 있다. 그래서 진정으로 강한 사람은 겉으로 부드럽다. 부드럽지만 약해 보이지 않고, 본인의 약한 모습을 인정하기에 인정받고 존경을 받는다.

사람은 저마다 수많은 고민을 가지고 살아간다. 그래서 때로는 불안해하거나 우울해하기도 하고, 스트레스에 빠져 있기도 한다. 누구에게도 예외는 없다. 부자라고 해서 힘들지 않은 것도 아니고, 가난한 사람이라고 해서 무조건 힘든 것도 아니다. 인생 속에서 마주하는 다양한 고난과 상처는 상대적인 것이기 때문이다. 일부러 강한 척을 하거나 괜찮은 척을 할 필요는 없다. 우리 모두는 나약하기에 더욱 강해질 수 있으며, 나약함과 부족함을 인정하고 이를 극복하기 위해 노력할수록 점점 더 튼튼해지는 만큼 마음에는 여유가 생긴다.

· 자격지심

미성숙한 방어기제 중 나라는 사람의 자존감을 깎아내리는 매우 강력한 요인 중 하나는 자격지심과 피해의식이다. 스스로 자신이 한 일에 대해서 부족하다고 여기고, 더 나아가 나를 둘러싼 현실에서 항상 손해를 보고 있다고 생각하는 습관이다. 자격지심은 어떠한 나의 모습이나 이룬 결과에 대한 타인의 시선으로 인해 당당하지 못하거나, 스스로 편견에 사로잡혀 있어 자신의 모습을 인정하고 받아들이지 않을 때 발생한다.

자격지심은 말과 행동으로 자연스럽게 드러난다. 관련된 주제가 나오면 피하거나 자신의 모습을 포장하기 바쁘게 만들고, 매우 방어적이거나 공격적인 모습으로 표현되기 때문이다. 그러한 모습이 드러나는 순간 원활한 소통은 어려워진다. 본인의 자격지심과 피해의식으로 인해 가능한 대화의 양상이 매우 편향된 방향으로 좁혀지기 때문이다. 자신과 다른 사람의 의견은 무시하거나, 잘못된 생각이라 치부하고, 편견에 사로잡혀 상처받은 감정을 토로하기에 바쁘고, 이미 결론을 내어 공감과 이해를 받기만을 원하게 되는 모습이 나타난다. 특정 주제가 나올 때마다. 윤택한 인간관계를 위해 꼭 필요한 타인에 대한 이해와 배려가 부족해지며, 편향되고 꼬인 사람이 되어버린다.

실제 본인의 어떠한 모습이나 결과가 좋지 못하다고 할지라도 나는 나를 사랑하고 존중해 줄 수 있어야 한다. 그리고 실제로 그 모습이 정말로 못난 모습인지에 대해서도 다시 고민해 볼 필요가 있다. 혹시라도 이미 충분하지만, 다른 사람과 끊임없이 비교하며 스스로의 못난 점을 찾고 있는 것은 아닌지,

자신의 편견으로 편견이 없는 다른 사람들까지도 편견에 가득 찬 사람으로 만들고 있는지 말이다.

자격지심과 피해의식을 가진 사람은 스스로를 방어하기 위해 현재 자신의 모습을 정당화하는 과정을 반복하면서 자신의 방어기제를 더욱 단단하게 구축해 나가는 경우가 많다. 그런 과정이 반복되면 추후에 나의 자격지심과 연관된 주제와 마주하더라도 더 이상 상처받거나 힘들어하지 않지만, 이러한 태도는 습관이 되어 그 외의 주제에 대해서도 방어적인 모습으로 드러나 원활한 소통을 방해하는 요인이 되고, 편견에 사로잡힌 사람으로 만들어 인간관계를 형성하고 유지하는 것에 악영향을 미친다.

이 사회는 완벽한 사람들이 모여 사는 세상이 아니라 서로 부족한 사람들끼리 서로 이해하고 도우며 살아가는 공간이다. 완벽한 것은 없기에 잘나지 못한 모습이라고 하더라도 너무 속상해하거나 힘들어하지 않아도 좋다. 나 자신의 모습을 당당히 받아들인다면, 나를 채운 사랑이 주변으로 흘러가 자신감이 되고, 매력이 되어 주변에서도 특정 모습이나 결과에 상관없이 당신을 인정하고 존중해 줄 것이다.

· 무기력

　우리가 사회생활을 하고 인간관계를 맺다 보면 좋고 행복한 일들도 있기 마련이지만, 자연스럽게 그 과정에서 좌절과 상처를 맛보게 된다. 그리고 그러한 상처를 제대로 극복하지 못했을 때 드러나는 모습 중 하나가 바로 무기력함이다. 실패 또는 부담감, 비난 등으로 큰 좌절과 절망감에 빠져 무엇도 해내기 어려울 것 같은 느낌이 들고, 세상에 압도되는 느낌이 들며, 자신의 능력이 한없이 보잘것없다는 마음이 든다. 정말 많은 에너지를 썼지만, 그 결과가 만족스럽지 않고 내가 원하는 목표를 더 쉽게 도달하는 것 같은 다른 사람의 모습에 상대적 박탈감을 느끼기도 한다. 그 충격에 어떤 것을 하고자 하는 의욕도 없고 문제가 발생하면 부딪히기보다 도망치는 선택을 한다. 그래서 사람이 무기력해지면 자연스럽게 나의 일상생활의 범위, 인간관계의 폭, 깊이가 매우 좁아지게 된다.

　무기력함이 만들어 내는 가장 큰 문제는 문제를 극복하기 위한 노력을 하지 않게 만듦으로써, 우리가 삶을 살아가면서 자연스럽게 마주하는 다양한 문제와 갈등을 다루고 이를 해결하면서 성장할 기회를 앗아간다는 점이다. 그리고 문제를 마주하고 회피할 때마다 발생하는 불만과 상처는 사람과 사회에 대한 불신과 회의, 냉소로 변질되어 더욱 예민하고 까다로운 사람으로 변화시킨다. 또한 자기 자신에 대한 낮은 자존감을 형성하여 언제나 자신을 과소평가하고 점점 더 무가치한 사람으로 만든다. 인생을 살아가는 동력이 사라지고, 실제 문제를 해결할 수 있는 능력도 멈춰버린다.

우리는 언제나 무기력해질 수 있지만, 오랫동안 무기력에 빠져 있는 것은 개인에게 절대 좋지 않기에 빠르게 무기력함을 해소하고 일상으로 돌아올 수 있어야 한다. 그리고 이런 상황 속에서 무기력함을 극복하는 가장 좋은 방법 중 하나는 체력을 키우는 것이다. 신체에 에너지가 남으면 자연스럽게 어떠한 활동이라도 하게 되기 때문이다. 그리고 그 활동을 나에게 좋은 자극을 미치는 생산적인 내용으로 전환시키면 주변을 보다 긍정적인 환경으로 만들 수 있다. 인정과 존중, 보람과 자부심, 자신의 능력에 대한 긍정과 자기 확신 등이다. 또한 어떠한 문제가 생기더라도 이를 마주하고 해결해 나가는 것은 매우 중요하다. 비록 감당하기 어려운 문제라 할지라도, 문제 해결의 과정 속에서 문제의 크기만큼 성장할 것이며, 성장하는 만큼 더 나은 삶을 살 수 있게 될 것이기 때문이다.

세상에 상처가 없는 사람은 없다. 그리고 우리가 살아오며 경험하는 것들은 우리 개인에게는 전부이지만, 좀 더 멀리서 지켜보면 인간의 삶의 아주 작은 부분에 불과하다. 내가 너무 힘들고 벅찬 상황에 놓여 있을 때는 그 감정에 지나치게 빠져 있기보다 호흡을 가다듬고 주변을 둘러보며 여유를 찾아보는 것도 좋다. 생각보다 우리가 무기력해질 만큼 세상에 크고 무지막지한 일은 없으며, 우리의 부정적인 감정을 증폭시키고 더욱 힘들게 만드는 것은 우리의 감정 그 자체이기 때문이다.

· 합리화

사람은 이유 없는 행동을 하지 않는다. 그래서 행동에 이유가 없을 때는 그에 맞는 이유를 만들어 낸다. 그리고 그 이유를 명확하게 인식하거나 구분하기 힘든 경우 본인의 의도와 감정에 따라 적당한 이유를 만들어 낸다. 좋은 쪽이든, 나쁜 쪽이든 말이다.

성취를 이루었을 때, 실제 운이 아주 크게 작용하였음에도 본인의 실력이라고 착각하거나, 처음부터 아주 깊고 큰 포부와 생각, 열정이 있었기 때문에 가능했다고 합리화하기도 한다. 또 실패를 마주했을 때, 본인의 실력이 매우 부족하였음에도 이를 불운과 다른 사람 등에 의해 방해받았다고 합리화하기도 한다. 스스로 의미 없는 일을 한다고 생각하면 결국에는 그 일을 그만두게 되고, 그럼에도 불구하고 일을 계속하게 되면 그 안에서 일을 유지하는 의미를 찾는 것이 사람이다. 세상의 어떠한 현상에는 인과관계가 반드시 존재하겠지만, 그 모든 변수와 환경을 제대로 해석하지도, 인식하기도 어려운 개인에게는 적당한 이유를 만들어 내는 것이 때로는 마음처럼 풀리지 않는 문제에도 불구하고 이를 잘 극복하며 살기 위한 하나의 생존 본능이기도 하다.

합리화라는 기제는 잘 활용하면 개인에게 도움을 줄 수 있지만, 잘못된 방향으로 사용하면 개인을 더욱 힘들고 괴로운 상황에 봉착시킨다. 현실을 제대로 직시하기 어렵게 만들기 때문이다. 어떠한 일이 잘 안 풀렸을 때, 나를 보호하기 위해 나의 문제를 외면하고 다른 곳에서만 이유를 찾게 될 수 있다. 반대로 너무 나의 문제로만 생각해서 모든 것을 짊어지도록 만들어 스스로를 더욱 괴롭고 힘든 상황으로 몰고 가기도 한다.

합리화 요인을 외부에서 찾는 경우 개인의 노력과 변화를 더디게 만든다는 문제가 발생한다. 스스로 본인의 노력과 변화를 통해서 더 나은 상황이 될 수 있음에도 외부의 탓으로 돌림으로써 이를 위한 행동을 하지 않게 만드는 것이다. 그리고 이러한 모습은 지나치게 왜곡되면 타인과 사회에 대한 불만과 분노, 비난으로 이어지기도 한다. 애인과 만나다가 헤어진 상황이라면 모든 일은 둘 사이에서 상호 작용 하면서 일어난 사건이기에 어느 한 명만의 탓이라고 할 수는 없겠지만, 상대방을 이상하고 못된 사람으로 만들어 버린다면 나는 상대적으로 더욱 마음의 부담을 덜 수 있고 쉽게 잊어버릴 수 있다. 하지만 그런 태도로 스스로 문제를 극복하고 성장하지 않는다면, 나중에 다른 애인을 만나더라도 나를 원인으로 하는 갈등은 자연스럽게 또 발생할 것이다. 반대로 상대방을 지나치게 미화해서 모든 것을 내 탓으로 인식하는 것도 문제가 있다. 실제로 문제가 아닌 나의 모습까지도 문제로 만들어 버려 더욱 자신감이 낮아지고 위축되며, 스스로를 옥죄는 현상이 발생하게 되는 것이다. 이처럼 합리화 요인을 지나치게 나에게서만 찾는 경우에도 문제가 될 수 있다. 스스로 발전할 수 있는 계기는 되겠지만, 사람의 마음은 연약하기에 이를 극복하기보다 먼저 무너져 버릴 수 있기 때문이다.

앞에서 말했듯 우리의 마음은 연약하다. 그래서 관리가 필요하다. 하지만 현실을 무시하면 우리가 마주한 문제는 더 큰 문제로 다시 우리에게 되돌아온다. 사람에게 상처를 받아 사람은 누구나 악하고, 배신하는 존재라고 합리화하면서 살아간다면, 내가 앞으로 만나는 모든 사람은 악한 사람일 것이며, 언제나 자신의 이득만을 고집하는 사람일 텐데, 그런 사람들과 함께하고 있는 나는 얼마나 불쌍한 사람이 될지 생각해 보자. 반대로 모든 일에 긍정적인 의미를 부여하며 세상을 살아간다고 할 때, 그 사람이 위험을 발견하지 못하고 겪게 될 고난이 얼마나 많을지도 생각해 보자. 합리화를 통해 성급히 일반화할 필요는 없다. 우리 주변에는 정말 다양한 환경이 있고 다양한 사람이 있다. 그 안에서 좋은 환경과 사람을 찾아 함께하는 능력을 갖추는 게 중요한 것이다.

| 긍정 요인

긍정 요인은 높은 자존감을 만드는 요소이자, 우리가 성숙해짐으로써 더 나은 인간관계를 형성하고 유지하는 데 도움을 주는 가치라고 할 수 있다. 그래서 우리는 높은 자존감을 유지하고 더욱 윤택한 인간관계를 형성하기 위해 긍정 요인에 해당하는 다양한 가치들이 함께하는 환경에 나를 두어야 한다. 좋은 사람들, 긍정적인 환경과 함께함으로써 주어지는 자극은 나에게 긍정적인 피드백을 발생시키며 삶을 더욱 행복하게 살아갈 수 있도록 자존감의 선순환을 발생시킨다.

내가 자존감이 높고, 나에 대해서 더 많이 알게 되어 감정을 잘 다루게 된다면, 나를 바탕으로 다른 사람을 더 잘 이해할 수 있다. 상대방의 말과 행동을 보면서 마음에 공감하고, 그 사람이 마음을 다루는 모습을 보면서 성향과 됨됨이를 알 수 있게 되는 것이다. 긍정 요인이 넘치는 사람은 자존감이 높은 만큼 자연스럽게 좋은 인간관계를 형성하며, 주변에 좋은 사람을 남긴다. 사람은 자연스럽게 자신과 비슷한 사람에게 끌리고 관계를 계속해서 유지하기 때문이다.

1) 외부 자극

· 인정

세상에 인정받는 것을 싫어하는 사람은 없다. 사람은 본래 가치 있는 것을 좋아하며, 스스로 가치 있는 사람이 되고 싶어 하기 때문이다. "칭찬은 고래도 춤추게 한다"는 속담처럼 칭찬은 사람을 기분 좋게 하고 자신감을 쌓는 데 도움을 준다. 그리고 인정받기 위해 계속해서 노력하고 발전하게 하는 동기를 만들어 준다. 특히 성장하면서 가치관이 형성되는 초기에 인정받는다는 느낌은 개인의 자존감을 쌓는 매우 큰 기반이 될 정도로 중요한 역할을 한다.

인정은 결과에 대한 인정과 과정에 대한 인정으로 나누어 볼 수 있다. 그중에서 어떠한 성취로 인한 결과는 겉으로 바로 드러나고 평가의 기준 또한 명확하기에, 어느 정도 수준의 성취를 이루면 인정받는 것이 어렵지 않다. 1등을 했다거나, 좋은 대학에 들어갔다거나, 시험에 합격했거나, 대기업에 취업하는 등 사람들이 공통적으로 대단하다고 인식하는 결과가 있다면, 그 결과를 이뤘을 때 사람들의 높은 평가와 인정을 받는 것은 자연스러운 현상이기 때문이다. 하지만 결과에 대한 인정보다 더욱 중요한 것은 과정에 대한 인정이다. 과정에 대한 인정은 개인의 태도와 노력, 노력의 수단까지도 모두 포함하고 있는 개념이기 때문이다.

 결과에 초점이 맞춰진 사람들은 수단과 방법을 가리지 않고 결과를 내는 것을 중요시한다. 돈을 위해, 권력을 위해, 성취를 위해 도덕적으로 잘못된 행동을 하기도 하고, 사람을 속이기도 하고, 자신의 이득을 위해 다른 사람이 손해 보는 것을 아무렇지 않게 여기기도 한다. 하지만 올바른 과정을 통해 이루지 못한 성취는, 달성하더라도 행복하지 못하고 계속된 결핍에 시달려 허무하고 공허한 마음이 항상 가득할 수밖에 없다. 그 과정에 대해 사람들에게 인정받지 못하기 때문이다. 그리고 그런 방식으로의 성취가 누적될수록 과정에 대한 진심 어린 인정을 받는 것은 더욱 어려워진다. 그래서 앞에서 설명했던 허세와 쾌락, 관계 단절과 집착으로 그 결핍을 표현하고 온갖 방어기제로 자신의 상황을 합리화한다.

 과정을 모르는 사람들은 겉으로 드러나는 결과만 보고 충분히 인정할 수 있다. 하지만 결과에 대한 인정은, 과정에 대한 인정과 비교하면 피상적인 것일 뿐, 나라는 사람의 마음을 충족시키고 개인을 더욱 발전시키기 어렵다. 원하는 결과를 만들어 내기 위해 노력했던 과정이야말로 또 다른 성취를 만들어 낼 수 있는 원천이 되기 때문이다.

올바른 과정은 반드시 성취로 이어진다는 것을 믿고 꾸준히 자신의 실력을 항상시켜야 한다. 과정은 겉으로 쉽게 드러나지 않기에 결과만 가지고 사람을 평가하는 일이 익숙한 세상이지만, 그렇기에 올바른 과정이 지니고 있는 가치가 더욱 빛을 발하는 세상이기도 하다. 모든 결과가 올바른 과정으로 인해 이루어지는 것은 아니지만, 올바른 과정은 반드시 보상이 돌아온다는 것을 명심해야 한다.

그리고 우리가 경계해야 하는 점 중 하나는 타인의 인정은 중요하지만 너무 매몰되어서는 안 된다는 것이다. 타인의 인정 그 자체가 목적이 되면 내가 아닌 타인의 기준에 맞추어 살게 되고 결국 그 모습이 나 자신의 본래 모습과 충돌하면서 더 큰 문제를 야기하기 때문이다. 우리는 인생을 살아가면서 성장하고 다양한 일을 하면서 자연스럽게 성취를 달성하고 인정받는다. 하지만 더욱 중요한 것은 스스로 성장하고 발전하면서, 자신의 존재에 대한 가치를 스스로 만들어 나가며 자신의 기준을 확립해 나가는 것이다. 그러면 타인의 인정은 필연적으로 자연스럽게 따라오는 가치가 될 것이다.

그런 측면에서 우리는 모두 인정받을 만한 가치가 있는 사람들이다. 치열한 경쟁사회 속에서 마음을 다잡으며 하루하루를 이겨내고 무언가를 목표로 성실하게 살아가고 있는 모습 그

self esteem practice

자체로 인정받을 만한 가치가 있기 때문이다.

· 관심

과거에는 먼 사촌보다 가까운 이웃이 더욱 정서적으로도 가까운 경우가 많았지만, 요즘은 바로 옆집에 누가 사는지도 모르는 경우가 허다할 정도로 타인에 대한 관심이 사라져 가고 있다. 각박한 현실에 타인에게 관심을 가질 만한 여유가 없기도 하고 또 관심을 받는 것을 싫어하기도 한다. 아마 사람들의 관심 자체를 싫어한다기보다는 불특정 다수의 이목이 집중되면서 혹시라도 부정적인 이야기가 나오는 상황이 부담스럽고, 내가 관심이 없는 사람이 지나치게 나에게 관심을 가지는 것이 성가시게 느껴지는 상황일 것이다.

사회적 동물인 인간에게 있어 다른 사람과 관계를 맺고 서로를 더욱 알아가는 과정, 그리고 내가 나에 대해 더욱 알아가는 과정에 매우 중요하고 필요한 것은 바로 관심이다. 마음이 끌려야 상대방에 대해서 더욱 궁금해하고, 더 많은 것을 받아들이며, 이해하기 위해 노력하기 때문이다. 친구나 애인을 사귈 때도 먼저 관심이 생겨야 대화가 이어지고 이를 통해 서로를 더욱 이해하며 배려하고 존중해 줄 수 있다. 그래서 관계 형성은 주로 서로 관심을 가지게 될 만한 폐쇄적인 공간에서 이루어진다. 어느 한쪽의 정보 접근성이 비교적 높아 관심이 생겼을 때 상대방에 대해 알아가는 경우가 많기 때문이다.

관심은 모든 인간관계의 시작이기에 우리 모두는 관심을 필요로 한다. 그래서 충분히 관심과 애정을 받고 있다는 느낌을 받아야 결핍이 생기지 않고 높은 자존감을 형성할 수 있다. 누군가에게 관심을 받는 것만으로 이미 상대방의 마음을 끌 수 있는 가치 있는 사람이라는 이유가 되기 때문이다.

관심에 대한 욕구는 우리의 인생에서 자연스럽게 충족되어야 하지만 그렇지 못하는 경우 관심을 갈구하는 관심 종자가 되거나 반대로 세상 모든 사람에게 무관심으로 대응하는 문제가 발생하기도 한다. 관심을 갈구하는 경우의 문제는, 일부러 사람들의 관심을 끌 만한 행동을 하지 않고 충분히 관심을 받을 수 있음에도, 계속해서 과장하거나 인위적이고 작위적인 모습을 드러내 점차 자신의 본래 모습과 괴리가 발생하게 된다는 것이다. 또 사람들에게 무관심해지면서 발생하는 문제점은 관계를 형성하지 않으면 가장 힘들어지는 것은 사회적 동물인 나 자신임에도 불구하고 점점 더 본인을 힘든 상황으로 몰고 가게 된다는 것이다. 그러면서도 여전히 관계의 욕구는 존재하기에 반려동물을 키우거나, 커뮤니티 활동을 하거나, 가족 등

소수의 인원에게 지나치게 의존하면서 관계의 욕구를 해소한다. 관심이라는 중요한 가치를 잊어버리고 말이다.

사회가 발전하고 개인의 삶이 중요해지면서 다른 사람에 대해 관심을 갖는 것이 오히려 실례가 되는 세상이 되었다. 친근감의 표현으로 이것저것 물어보는 것이 개인의 사생활을 침해하는 것처럼 느껴지기도 하고, 오픈하고 싶지 않은 주제로 대화하는 것을 꺼리는 사람들의 모습도 자주 보인다. 그러다 보니 자연스럽게 인간관계는 현재 내가 속한 가정, 직장, 모임 등으로 매우 한정적으로 변하게 되어 다른 사람과 관계를 형성하는 것이 이전보다 더 어려워지게 되었다.

좋은 사람을 만나 인간관계를 맺고 그 안에서 나의 정서적인 풍족함을 채우고 안정감을 얻는 것은 내가 튼튼한 자존감을 쌓고 인생을 행복하게 살아가는 전제 조건이다. 그리고 그 해답은 다른 사람에 대한 관심을 가지는 것에서부터 출발한다. 관심이 있어야 상대방을 더 많이 이해하고 존중해 줄 수 있기 때문이다. 또한 나 자신에 대해서도 관심을 가지고 계속해서 탐구해야 한다. 어떤 상황에 즐겁고 힘든지, 나의 강점과 약점은 무엇인지, 나의 인간관계는 어떻게 되는지 등 나에 대해서 관심을 가지고 더 많이 알아갈수록 나 자신과 더욱 친근한 관계를 맺을 수 있으며, 더욱 행복하고 윤택한 삶을 살 수 있게 되기 때문이다.

· 공감

　공감은 다른 사람의 입장에서 그 사람의 생각과 마음을 헤아리는 능력이다. 사람은 다른 사람에게 내 생각과 감정을 표현하고 이를 공감받는 것만으로도 자신의 가치를 충분히 인정받는다고 생각하며 위로를 받는다. 그래서 공감은 자존감에 긍정적인 영향을 미치는 매우 중요한 요인 중 하나로 작용하고 있다.

　한편으로 공감은 개인의 경험, 생각과 감정이 얼마나 넓고 깊은지에 따라 그 능력이 제한되는 능력이기도 하다. 타인의 상황을 들으며 어떤 생각과 감정이 들지 예상하고, 이를 통해 상대방을 더욱 이해하는 것은 나라는 사람의 기준과 주관이 반영될 수밖에 없기 때문이다. 살면서 불안함을 거의 느껴보지 못한 사람은 다른 사람의 불안함을 진심으로 이해하기 어렵고, 학교에서 성적이 상위권인 학생들과 하위권인 학생들은 서로의 고충을 제대로 이해하기 어렵다. 스스로 다른 사람의 상황에 대해 충분히 고민하면서, 생각과 감정을 느끼고 정리해 본 경험이 없기 때문이다. 그래서 다른 사람을 더 깊게 이해하기 위해서는 다양한 경험을 통해 많은 것을 생각하고 느껴야 한다. 그러한 과정이 반복되면 꼭 같은 상황을 경험하지 않더라도 상대방이 느끼는 행복, 기쁨, 슬픔, 좌절감, 불안감 등을 유추함으로써 비슷하게 공감할 수 있는 능력이 형성된다. 감정의 본질을 자주 마주하고 다룸으로써 감정에 대한 통찰이 생기는 것이다.

사람들은 다른 사람과의 소통 과정에서 이해하기 어려운 말과 행동이 보이면 공감보다는 자신의 기준과 주관을 바탕으로 반박하거나 자신의 다른 생각을 드러내곤 한다. 그리고 이 과정에서 상대방과 갈등을 일으키거나 상처를 준다. 이는 공감이 제대로 이루어지지 않았기에 발생하는 문제점이며, 상대방을 진심으로 공감하게 되면 자연스럽게 해결되는 문제이기도 하다. 상대방의 상황을 진심으로 공감하고 나오는 말과 행동은 비판이라 하더라도 존중이 담겨 있고, 특별한 말을 하지 않더라도 위로가 담기기 때문이다. 그래서 공감은 자신의 의견을 자유롭게 말하면서도 상대방과 좋은 관계를 맺을 수 있는 핵심 역량이다.

· 존중

세상을 살아가다 보면 다른 사람을 이해하기가 어려울 때가 있다. 같은 나라에서 비슷한 교육을 받고 자랐다는 공통분모가 있음에도 불구하고, 각자 태어나 살아온 환경, 교육, 경험이 다르기에 개인의 성향과 성격이 합쳐져 자연스럽게 개인마다 자신만의 가치관을 형성하게 되기 때문이다. 같은 사건을 보더라도 느끼는 감정이 다르고 바라보는 시선이 다르다. 그래서 나와 다른 타인을 이해하기 위해 상당한 에너지를 써야 한다.

다른 사람을 위해 에너지를 쓰는 것은 힘든 일이지만, 한편으로는 자연스러운 현상이다. 함께 살아가는 세상에서 내가 다른 사람을 이해하기 위해 노력하는 것처럼, 나 또한 수많은 사람들에게 이해받고 있기 때문이다. 만약 다른 사람을 이해하지 못한다면 그 모습은 자연스럽게 말과 행동으로 드러나며, 마찬가지로 내가 이해받지 못한다면 상대방으로부터 표현되는 모습은 나에게 상처를 주고 자연스럽게 인간관계에 영향을 미친다.

사람들은 경험을 통해 성장하면서 다른 사람들을 이해하고 적당한 거리를 유지하면서 인간관계를 맺는 방법을 배운다. 그리고 내가 존중받기를 원하는 만큼 상대방을 존중해 주려고 한다. 상대방의 사고방식이나 행동에 대해 그 자체로 받아주려는 노력이다.

다른 사람을 진심으로 존중해 주기 위해서는 그 사람을 이해해야 한다. 다른 사람의 어떠한 생각과 감정이 나와 다르다면, 왜 다른지에 대해 원인을 알아야 존중할 수 있기 때문이다. 우리는 일상생활 속에서 "있는 그대로 이해하고 존중한다"라는 말을 자주 쓴다. 하지만 이 말은 사실 상대방에 대해 관심이 없고 이해하고자 하는 노력이 없다는 것과 같다. 친구가 울고 있다면 왜 우는지 알고 그 상황을 공감하고 이해하면서 위로하고 배려하는 것이 존중이지, 울고 있으니 적당히 이야기를 들어주거나 상대방이 원하는 리액션을 해주고 적당히 자리를 피하는 것은 존중이 아니라 방관일 수 있다.

마찬가지로 서로 공감대가 형성이 안 되거나, 불만이 생기거나 의견 차이가 생기는 경우에도 그냥 원래 그런 사람이니까 받아들여야 하는 태도는 상대방을 존중하는 태도라기보다 내가 상대방을 위해 에너지를 소모하는 것을 방어하려는 행동이며 오히려 존중을 포기하는 것일 수 있다. 상대방을 진심으로 이해하지 못하기에 계속해서 같은 문제가 반복될 때마다 상황을 회피하거나 합리화하게 되고 결국 나의 불만은 상대방을 향하게 되어 변하지 않는 사람, 이해할 수 없는 사람으로 변질시킨다. 사실 내가 상대방을 이해하기 위한 에너지를 사용하지 않은 것임에도 불구하고 말이다.

우리가 살면서 경험하는 일들은 세상에서 일어나는 아주 많은 일 중 작은 단면에 불과하다. 시간은 유한하고 생활이 어느 정도 고정되어 있기에 개인이 경험할 수 있는 총량이 제한적이기 때문이다. 그래서 우리는 마주하고 있는 인생의 단면으로 가치관을 형성하고 세상을 해석한다. 비슷한 교육환경, 나이, 지역, 성별 등 공통점이 많을수록 좀 더 친숙하고 가깝게 느끼고, 반대로 차이점이 많을수록 좀 더 어색하고 어렵게 느껴지는 상황이 발생한다.

우리는 각자가 살아온 인생의 단면이 다르기에 서로 다른 가치관이 충분히 생길 수 있다는 것을 인정하고, 내 기준이 꼭 맞는 것은 아니며 모든 사람마다 자신만의 기준과 정답이 있다는 사실을 받아들여야 한다. 그러면 나의 기준을 상대방에게 강요하지 않게 되고, 다른 가치관도 충분히 정답일 수 있다는 생각을 할 수 있게 된다. 그것이 다른 사람을 진정으로 이해하면서 존중한다는 것이다.

마찬가지로 나 또한 자신의 기준과 가치관이 어떻게 형성되었는지를 고민해 보면 스스로를 더욱 이해하고 존중해 줄 수 있다. 나의 모습은 과거의 경험을 통해 만들어진 집합체이기 때문이다. 나의 기준과 가치관에 대해 고민하면서 나 자신을 돌이켜 보고, 나라는 사람을 더 크게 이해하고 응원하며, 공감하고 위로하고 존중해 줄 수 있다. 사실 사회적 동물인 인간에

Self-esteem practice

게 다른 사람의 존재는 나를 구성하는 일부이기에 타인을 존중하는 것은 나 자신을 더욱 존중하는 모습이기도 하다.

· 포용

포용은 이해와 존중에서 이어지는 개념으로 나와 다른 타인의 모습을 얼마나 내 삶의 일부로 받아들일 수 있는가에 대한 능력이다. 좀 더 세부적으로 말하면 타인의 모습에 맞추어 나를 적응시키면서 크게 불편함을 느끼지 않고 자신의 모습을 유지할 수 있는 능력이다. 그래서 포용력이 좋은 사람은 인기가 많고 주변에 사람이 많다. 다른 사람에게 잘 맞춰주고 받아주는 만큼, 함께 있으면 편안하고 존중받는 느낌을 받아 즐겁기 때문이다.

인간관계에서 다른 사람들과 좋은 관계를 형성하고 유지하는 것이 중요한 것처럼, 얼마나 많은 사람들과 함께 관계를 맺으며 살아가는지도 행복한 삶을 살아가는 데 있어 중요한 부분이다. 그리고 이 과정에서는 포용이라는 가치가 매우 핵심적인 역할을 담당한다. 이 세상의 모든 것은 사람에 의해 이루어지며, 큰일은 여러 사람이 함께 만드는 것이기 때문이다.

우리가 삶을 살아가다 보면 계속 맞춰줘야만 하는 사람이 있고, 적당히 맞춰주어야 하는 사람이 있고, 오히려 나에게 맞춰주는 사람이 있다. 이건 개인 간의 상성과도 연관이 있을 수 있지만, 어떠한 상황에서도 사람들과 좋은 인간관계를 맺고 잘 유지하는 사람들이 있다. 자존감이 높은 사람이다. 스스로를 사랑하면서도 다른 사람을 이해하고 배려하기에 인정받고 존중받으며, 그렇게 채워지는 정서적인 만족과 안정은 사람들과의 관계를 긍정적이고 우호적으로 만들어 준다. 상대방에게 맞춰주지만, 그렇다고 해서 스스로 불편함을 느끼지 않으며 자신을 자유롭게 표현하고 인정받는다. 다른 사람을 포용하는 능력이 있기 때문이다.

다른 사람을 받아주는 포용은 나의 에너지를 사용하는 것이기에 힘이 드는 일이다. 하지만 나 혼자 살아가는 세상이 아니기에 힘들지만 가치가 있다. 나 또한 다른 누군가가 포용해 주고 있는 하나의 대상일 것이며, 포용하는 것이 조금씩 익숙해져 힘들지 않게 되었을 때 나는 더 좋은 사람들과 다양한 관계를 맺고 있게 될 것이기 때문이다.

2) 내면

· 성장

우리는 다양한 경험을 하면서 꾸준히 자신의 가치관을 형성하고 외부 자극에 대한 대처 방식을 확립하면서 살아간다. 그리고 다양한 문제를 마주하고 이를 해결하는 과정 속에서 문제 해결 능력을 키우고 점차 문제를 다루는 것에 익숙해져 간다. 조금씩 성장해 나가는 것이다.

이처럼 우리는 계속해서 경험을 누적시키며 세상과 사람을 바라보는 시선을 교정하고 계속해서 문제를 해결해 나가는 능력을 키운다. 그리고 본인이 처한 상황이나 환경에 따라, 사회 및 인간관계 속에서 자신이 가장 편안하고 좋은 성취를 낼 수 있는 상태로 조금씩 최적화시킨다. 우리는 이러한 과정을 반복하며 더욱 많은 일들을 처리할 수 있는 유능한 사람이 되고 인간관계 속에서도 사람들과 더욱 윤택한 관계를 맺으며 더 나은 삶을 살아갈 수 있게 된다.

우리가 더욱 현명하고 지혜로워질수록 행복한 삶을 살 수 있게 되리라는 것은 누구나 알고 있는 사실이다. 그래서 우리는 자신을 성찰해야 한다. 그리고 이 과정에는 교훈을 얻기 위한 외부의 자극이 필요하다. 새로운 환경, 교육, 강연, 책, 사람 등이다. 하지만 그중에서도 사람을 성장시키는 가장 큰 요인이 있다면 당연히 사람일 것이다. 서로 다른 경험과 가치관을 가진 사람들끼리 상호 작용 할 때 신선하고 새로운 자극이 계속해서 유입되기 때문이다.

개인이 성장하는 데 있어 가장 좋은 매개체는 바로 사람이다. 서로 다름을 이해하고 존중하기 위해 노력하는 과정에서 자연스럽게 사회성과 인격, 성품이 단련되고, 다른 사람과 함께 일하면서 업무에 대한 전문성이 높아지며, 새로운 영감이나 통찰을 얻는 것 또한 다른 사람과의 상호 작용 속에서 이루어지는 경우가 많기 때문이다. 그래서 사람은 가장 가까운 사이인 가족, 친구, 애인에게 지대한 영향을 받는다. 그들과 주고받는 상호 작용이 곧 나를 만들기 때문이다.

성장은 그 과정을 통해 내가 변화함을 느끼고 행복을 느낄수 있는 요소에 해당한다. 내가 성장하는 만큼 외부의 자극을 받아들이는 태도 또한 달라지며, 변화한 나 자신으로 인해 환경 또한 실제 긍정적인 방향으로 변화하기 때문이다. 그렇게 조금씩 성장하면 나의 마음은 더욱 튼튼해지고, 문제 해결 능력이 쌓여 더 큰 성취를 달성할 수 있게 되며, 마음에는 더 큰 여유가 생긴다.

개인의 성장에 영향을 주는 요인에 다른 사람이 매우 큰 비중을 차지한다는 사실은 나 또한 다른 사람을 성장시키는 자극이 되며, 내가 성장하는 만큼 내 주변의 사람들도 함께 성장하고 있다는 것을 의미한다. 내가 더욱 성숙할수록 주변 사람들 또한 성숙한 사람들이 많아져 더 좋은 자극을 주고받을 수 있게 될 것이다.

· 시도

우리는 삶을 살아가면서 계속해서 성장한다. 하지만 시간이 흐름에 따라 성장은 점차 더디어진다. 가정, 정해진 직장, 주변의 인간관계 등 개인의 생활 환경이 한정되어 있기 때문이다. 새로운 사람을 만나는 것도 제한이 생기고, 새로운 환경을 마주할 일도 많지 않다. 그렇게 시간이 흐르면서 외부의 자극은 줄어들고 성장은 고착화된다.

사실 성장이 더디어지는 것은 자연스러운 현상이다. 어리고 젊은 시절이 가장 많은 것을 배우게 되는 시기인 이유는 인생의 다양한 사건들을 처음 경험하고 사람들과 관계를 맺으며 새로운 자극이 넘쳐나는 시기이기 때문이다. 하지만 시간이 흐르고 경험이 누적되면서 점차 내 주변에는 익숙해진 것들만

넘쳐나게 된다. 자연스럽게 성장하기 어려운 환경이 조성되는 것이다.

이런 상황에서 계속해서 성장하기 위한 자극을 얻기 위해서는 의도적인 노력이 필요하다. 바로 시도와 도전이다. 새로운 시도는 나를 새로운 환경 속에서 계속해서 신선한 자극을 얻을 수 있도록 도와주고, 다양한 문제를 마주하고 해결하는 과정 속에서 나의 능력을 향상시켜 주기 때문이다. 새로운 일, 새로운 사람을 만날 수 있는 환경에 나를 두면 자연스럽게 새로운 경험을 하게 된다. 나를 성장시키는 자극이 꾸준히 발생하는 환경에 나를 두어야 한다는 것이다.

시간은 우리가 새로운 경험과 함께 다양한 자극을 얻을 수 있도록 도와주는 귀한 자산이다. 하지만 절대적인 시간의 양보다 더욱 중요한 것은 시간의 질이다. 시간을 얼마나 밀도 있게 활용하느냐에 따라 같은 시간을 살더라도 그 사람의 경험과 성숙도는 큰 차이가 발생하기 때문이다.

· 노력

노력은 우리가 더 나은 성취를 이루고 행복을 느낄 수 있도록 도와주는 중요한 가치다. 노력의 뜻이 목표하는 바를 이루기 위해 힘을 쓰는 것 자체를 의미하기 때문이다. 하지만 요즘은 노력이 원하는 결과를 만들어 내지 못하는 경험이 반복되면서, 노력으로 모든 것을 해결할 수 없다는 식의 사회적 경향도 생기게 되었다. 원하는 결과를 이루지 못했다는 것이 노력이 부족했다는 것을 의미하지는 않는다. 그러나 노력이 결과에 대한 합리화 수단으로 사용되면서 성취를 달성하지 못했을 때 노력이 부족했기 때문이라는 인식이 생겨났다. 그래서 이러한 경향에 반감을 느껴 노력한다고 해서 원하는 결과를 얻을 수 없는 사회라는 식의 사회 탓도 생기게 되었다.

모든 과정은 어떠한 결과로 이어진다. 의도한 것이든, 의도하지 않은 것이든 말이다. 그렇기에 우리는 우리의 노력이 만드는 결과가 의도한 것이 아니더라도 그 안에서 배울 것을 찾아야 한다. 그러면 노력은 반드시 우리에게 더 나은 삶을 살 수 있도록 도와주는 귀중한 자산이 되며, 또 다른 노력을 했을 때 좀 더 원하는 목표에 가까워질 수 있는 능력을 배양시킨다.

노력이라는 단어는 다양한 가치를 내포하고 있다. 끈기와 성실, 의지와 체력, 목표와 실천, 실력과 통찰이다. 그리고 이러한 가치들은 우리가 인생에서 추구할수록 우리의 삶에 긍정적인 영향을 미친다.

· 주관

우리는 모두 개인마다 자신의 주관을 가지고 있다. 각자 타고난 기질과 경험해 온 삶이 다르기 때문이다. 경우에 따라 매우 확고하기도 하고, 느슨하기도 한 개인만의 주관이지만, 중요한 것은 우리 모두 각자 서로 다른 주관을 가지고 있다는 사실이다.

그러나 우리 사회는 개인의 주관을 드러내는 것이 조금 조심스러운 환경인 것도 사실이다. 어느 사회나 마찬가지지만, 주관 또한 유행과 대세가 존재하기 때문이다. 좀 더 보편적으로 사람들 사이에 인식되어 자리 잡고 있는 주관이 있고, 그 흐름에서 벗어나면 특이하다는 소리를 듣거나 이상한 취급을 받는다. 그래서 많은 사람들이 대세에 순응하고 따르려고 한다. 진로나 취업, 개인의 취미나 생활 양식 등과 같은 것들에서 자신의 개성을 드러내기보다 대세에 묻어 가는 것이 특이한 사람 취급을 받지 않고 편안하기 때문이다.

우리들은 주관을 자유롭게 말할 수 있어야 한다. 내 생각과 의견을 자유롭게 말하는 것은 자신감과 자존감을 쌓는 것에 중요한 영향을 미치기 때문이다. 그래서 주관을 자유롭게 표현하되 다른 사람을 불편하게 만들지 않는 소통 방식, 그리고 다른 사람의 주관을 이해하고 존중해 주는 능력이 매우 중요해졌다. 하지만 사람들은 주관을 표현할 때 상대방에게 어필하고 인정받기 위해 더욱 공격적으로 말하는 경향이 있다. 하지만 중요한 것은 서로 다른 의견이더라도 서로를 이해하고 공감하기 위해 노력하면서 개인의 생각과 감정의 폭을 넓혀나가는 것이다.

주관은 그 사람을 드러내는 정체성이자 매력이다. 하지만 그 주관은 다른 사람에 대한 이해와 포용이 담겨 있어야 한다. 다른 사람을 배려하지 않은 자신만의 확고한 주관은 다른 사람과 더욱 섞이기 어렵게 만들고 관계를 고립시키기 때문이다. 그래서 주관을 가지고 이를 제대로 인지하는 것도 중요하지만, 다른 사람들 사이에서 나의 주관을 잘 드러내는 연습이 필요하다.

개인의 주관은 믿음과 합쳐지면 더욱 큰 힘을 발휘한다. 신념이 되어 인생을 살아가는 나침반으로 작용하기 때문이다. 인생의 여러 고민과 역경 속에서도 이를 극복하는 힘이 되기도 하고, 더 지혜롭고 현명한 판단의 기준이 되기도 하며, 더 나은 삶을 살아가기 위한 지침이 되기도 한다. 그리고 자기 자신에 대한 믿음과 합쳐지면 자기 확신이 되어, 어떠한 일에도 묵묵히 나아갈 수 있는 사람으로 만들어 낸다.

| 회복 요인

    회복 요인은 자존감이 낮아졌을 때 이를 회복하고, 기복을 낮추어 안정적인 자존감을 유지하게 만들어 주는 요인이다. 자존감은 감정이기에 높아지기도 낮아지기도 하는 개념이라, 낮아졌을 때 이를 빠르게 회복하고 안정적으로 유지하는 것이 필요하다. 자존감 기복이 심하면 회복이 빠르다고 하더라도 소모되는 에너지가 크게 발생하므로 일상생활의 인간관계와 성취에 영향을 미치기 때문이다.

    그래서 우리는 자존감을 보호하고 회복하기 위해 우리에게 영향을 미치는 요인을 알아야 한다. 그 내용은 개인마다 다를 수 있고 꼭 정해진 방법이 있는 것은 아니지만, 고민해 보고 인생에 반영함으로써 더 나은 자존감을 유지할 수 있다.

1) 관계

· 가족

가족은 모든 관계의 시작이자 개인이 가장 큰 안정감을 가질 수 있는 조직이다. 혈연으로 맺어져 부모님의 무조건적인 사랑과 애정, 존중을 받을 수 있는 공간이기 때문이다. 어떤 상황 속에서도 내 편이 되어주는 가족은 내가 기쁠 때, 슬플 때, 행복할 때, 힘들 때 모두 내 곁에서 함께 경험을 공유하며 나에게 응원과 격려를 해주는 존재인 만큼, 개인의 자존감을 형성하는 것과 동시에 이를 유지하고 회복하는 것에도 상당한 영향을 미친다.

나에게 어떠한 일이 있을 때, 좋은 일이든 나쁜 일이든 이를 공유하고 함께 소통할 수 있는 존재가 있다는 것만으로도 개인에게는 큰 힘이 생긴다. 그리고 인생에서 가장 가까운 인간관계이자 자주 마주하고 소통하는 관계 또한 가족이기에 가족과 좋은 관계를 유지하고 이들과 상호 작용 하는 것은 개인의 결핍을 충족시키고 나아가 정서적인 만족을 채울 수 있는 가장 좋은 방법이다.

가족은 오랜 시간을 함께하면서 다양한 갈등을 경험하고, 문제를 해결하는 과정을 반복하면서 서로에 대한 많은 부분을 이해하고 있는 사람들이며, 사랑을 전제로 이루어지는 관계이기에 누구보다도 서로를 소중하게 생각한다. 가족에게 기쁜 일이 있으면 나도 진심으로 행복해지고, 슬픈 일이 있으면 함께 슬퍼하며 진심 어린 격려와 응원을 하게 되는 것처럼, 가족의 존재는 자존감을 더욱 안정적으로 유지하면서, 회복할 수 있도록 도와주는 매우 강력한 요인이다. 언제나 나의 편이 되어주고 응원해 주는 사람이 있다는 사실은 나의 마음을 치유하고, 더욱 단단하게 만들어 힘든 세상을 헤쳐나가는 힘과 용기를 주고 더욱 따뜻한 마음으로 세상을 바라볼 수 있게 만들어 준다. 이러한 점은 사람들이 인생에서 가장 중요한 가치 중 하나로 '가족'을 꼽는 강력한 이유이기도 하다.

가족이 개인의 인생에 지대한 영향을 행사하는 관계인만큼 가족 관계에서 문제가 발생하면 그만큼 큰 상처와 괴로움을 동반하기도 한다. 모든 사람은 성장하는 과정에 있기에, 가족 사이에서 발생한 문제를 해결하는 것이 서툰 경우에 서로에게 준 상처가 곪아 삶을 힘들게 만들 가능성도 존재한다. 이런 경우라면 다른 관계와 같이 잠시 거리를 두는 것도 좋은 방법이 될 수 있다. 거리를 두면 평소에 상황을 합리화시키고 가족과 갈등에 사용하던 에너지가 반대로 나를 치유하고 가족을 이해하는 방향으로 전환되기 때문이다.

가족은 사랑을 받으면서 사랑을 주는 법을 배울 수 있는 공간이다. 나의 마음을 의지하기도 하고, 때로는 그들의 버팀목이 되어줄 수 있는 가족 관계에서 나의 자존감은 더욱 안정적으로 유지되고 회복할 수 있다.

· 친구

가족과 마찬가지로 친구는 나와 가까운 거리를 유지하며 서로에 관해 많은 부분을 공유하고 이해해 줄 수 있는 사람이다. 그래서 친구는 나의 자존감을 형성하는 것, 유지하며 회복하는 데에도 큰 영향을 미친다. 가족이라는 관계는 태어날 때부터 주어지는 것이며, 부모님의 영향을 많이 받는 만큼 내가 적극적으로 관계를 만들어 유지하기에는 어려운 부분이 없지 않지만, 친구 관계는 내가 직접 관계를 형성하고 유지하며, 끊어내는 것에 있어 자율성과 통제권을 가지고 있기에, 개인의 관계적 역량이 크게 작용하는 관계이기도 하다.

인간관계 능력이 뛰어난 사람들은 좋은 사람들과 친구 관계를 형성하고 서로 좋은 에너지와 자극을 주고받으며 정서적인 욕구를 충족시키고 조금씩 발전해 나간다. 그리고 이들과의 관계에서 안정적인 감정 상태를 유지하고, 자존감이 낮아졌을 때는 회복하기도 하며 일상 속에서 다양한 즐거움과 행복을 찾는다. 반대로 인간관계 역량을 제대로 갖추지 못한 사람들은 적극적으로 인간관계를 형성하고 잘 유지하는 것이 어려워 폐쇄적이고 고립된 인간관계가 형성되고, 관계를 유지하는 사람들 또한 '좋은 사람'이 기준이 아닌, 생활 속에서 자주 마주치는 사람을 기준으로 형성되어 인간관계 속에서 충족감과 만족감을 느끼기보다 스트레스를 받으며 관계를 유지하게 되는 경우도 생긴다.

여기서 말하는 친구는 나이가 같은 사람을 의미하는 것이 아니라 솔직하게 마음을 터놓을 수 있는 관계이면서 서로를 이해하고 존중하는 관계를 말한다. 나이와 관계에 따른 호칭이 다양한 우리나라에서 친구라는 개념은 동 나잇대를 말하기에 상대적으로 폭이 좁은 편이지만, 호칭에 상관없이 함께 있을 때 긍정적인 에너지를 받는 사람이라면 누구나 친구가 될 수 있다. 함께 있으면 편하고 긍정적인 에너지를 주고받을 수 있는 사람은 직장, 나이에 상관없이 어디에든 있기 때문이다.

나에게 좋은 자극과 에너지를 주는 사람의 종류는 다양할 수 있다. 사람마다 에너지를 받는 기준이 다르기에 뚜렷한 주관, 따뜻한 마음씨, 나와 반대의 성향, 서로 다른 환경, 가치관 등 각자 다양한 기준이 있는 만큼, 다양한 종류의 친구를 만들 수 있다는 뜻이다.

사람은 결국 자신과 비슷한 사람과 친구가 된다. 나랑 비슷한 사람과 있을 때 편안함을 느끼고 에너지를 얻기 때문이다. 그래서 좋은 사람은 주변의 좋은 사람들과 함께 더욱 성숙한 관계를 유지하며 행복을 만들어 내고, 사람을 보는 눈이 없고 나쁜 사람은 항상 인간관계 속에서 스트레스를 받고 더욱 힘든 시간을 마주한다. 내가 자존감을 키우고 좋은 인간관계 속에서 행복을 찾고 싶다면, 먼저 내가 좋은 사람이 되고 좋은 사람을 찾을 수 있는 능력을 갖춰야 한다. 안정적인 자존감을 바탕으로 서로가 서로에게 좋은 자극과 에너지를 전달하는 행복의 관계다.

· 모임

모임은 우리가 성인이 되고 반복되는 일상 속에서 새로운 사람을 만날 수 있는 공간이다. 어느 정도 시간이 흐르면 우리의 삶은 정해진 공간 속에서만 이루어지기에 관계 또한 그 안에서 만나는 사람들도 제한되는 경우가 많다. 가족, 학원, 직장 등 우리가 일상을 보내는 공간은 정해져 있고, 새로운 사람을 만나는 것 또한 어렵기 때문이다.

보통 모임은 운동, 그림, 음악, 여행, 독서 등 어떠한 주제가 정해져 있기에 관심사를 공유하는 사람을 만날 수 있어 좀 더 편하고 자연스러운 관계를 형성할 수 있다. 그리고 서로 다른 환경에 있는 다양한 사람들을 만날 수 있어 생각과 감정을 교류하는 과정에서 새로운 자극으로 다양한 경험을 할 수 있도록 만들어 준다.

2) 몰입

· 운동

　운동은 자존감을 안정적으로 유지시키고 회복시켜 주는 대표적인 수단이다. 운동을 하면 에너지가 신체에 활용되면서 몸 상태에 집중하게 되어 잡념이 사라지고 우울감, 스트레스 등이 해소되며, 더욱 건강한 신체와 정신을 유지할 수 있다.

　자존감은 감정이기에 이를 느끼는 개인의 신체적 요소에 많은 영향을 받는다. 그래서 자존감을 관리하기 위해서는 체력과 건강을 잘 유지할 수 있어야 한다. 운동은 우리의 체력을 높여 더 많은 에너지를 생산적으로 활용할 수 있도록 돕고 삶을 더욱 활력적으로 살 수 있도록 돕는 역할을 한다.

운동은 우리의 삶을 긍정적으로 만들어 주는 주요한 수단이다. 우리의 자존감이 낮아졌을 때, 마음이 힘들 때 운동은 우리의 신체뿐만 아니라 마음까지도 건강하게 유지할 수 있도록 도움을 준다. 안정적으로 자존감을 유지하고, 자존감이 낮아져 이를 잘 회복하고 싶을 때, 운동은 매우 즉각적이고 빠른 효과를 보여주는 노력이 될 수 있으므로, 꾸준한 운동을 통해 나의 컨디션을 관리해 주는 것은 나를 사랑하고 자존감을 회복시키는 아주 좋은 방법이 될 수 있다.

· 일

일은 우리가 삶을 살아가면서 이루어지는 활동이다. 그리고 그 일은 우리가 살아가는 데 꼭 필요한 활동이 되기도 하고, 경제적인 대가를 목적으로 이루어지기도 한다. 하루의 대부분을 일하면서 보내는 현대인들에게 일은 몰입할 수 있는 하나의 대상으로서 현재 가지고 있는 다양한 감정과 생각으로부터 잠시 거리를 둘 수 있도록 도와주는 활동이 되기에 힘이 들거나 자존감이 떨어질 때 오히려 일에 몰두함으로써 스트레스를 이겨내기 위한 노력을 하는 사람들도 적지 않다.

일하는 과정에서는 일반적으로 다른 사람들과의 소통이 동반되기에 기분을 전환할 수 있다. 또한 일은 성취로 연결되는 경우가 많으므로 일에 집중함으로써 발생하는 추가적인 성취는 자존감을 높여주는 주요한 방법이 될 수 있다. 우리는 하루 중 많은 시간을 할애하는 일을 나를 더욱 성장하고 발전시키는 방법으로 활용할 수 있어야 한다. 업무적인 실력을 쌓아 성취를 달성하는 것과 동시에 다양한 사람들과 함께하며 나라는 사람을 더욱 알아가고 교류하며 인간관계를 배울 수 있는 환경으로 만든다면, 일은 우리의 생계를 유지하기 위한 수단이 아니라, 우리를 더 나은 사람으로 만들어 주는 활동이 될 것이다.

· 취미

사람은 개인이 좋아하는 활동을 할 때 즐거움과 행복을 느낀다. 바로 취미 활동이다. 우리가 경제적인 대가를 얻기 위해 하는 대표적인 활동이 일이라면, 취미는 경제적인 것이 아닌, 만족감, 성취감, 즐거움 등의 다양한 목적으로 이루어지므로 그 자체로 자존감을 회복시켜 줄 수 있는 대표적인 요인이 될 수 있다. 또한 취미 활동을 함께 즐기는 사람들은 대부분 업무적인 관계로 엮여 있지 않기 때문에, 더욱 편하고 즐거운 관계를 맺을 수 있어 감정을 다루고 자존감을 회복하는 것에 도움이 된다.

취미를 가지고 있는 사람도 많고, 적당한 취미가 없어 이를 찾고자 하는 사람들도 정말 많다. 하지만 취미는 거창한 것이 아니기 때문에 가볍게 즐길 수 있는 활동도 좋다. 단순히 시간을 보내는 것이 목적일지라도 즐겁게 시간을 보낼 수만 있다면, 그 자체로 우리의 마음을 충족시켜 줄 수 있기 때문이다.

아무리 피곤하고 힘든 일들이 가득한 하루였다고 할지라도 내가 즐겁게 시간을 보낼 수 있는 활동이 있다면, 하루는 즐겁게 마무리될 수 있다. 또한 즐거움을 함께 나눌 수 있는 사람들과 함께한다면, 자존감은 더욱더 높아지고 안정적으로 유지될 수 있다.

· 잠

잠은 에너지를 회복하면서 마음을 정리하고 기분을 전환할 수 있는 아주 효율적인 방법이다. 신체는 잠을 통해 몸과 마음을 회복시키기 때문에, 자연스럽게 낮아진 자존감을 회복할 수 있는 방법이기도 하다. 자고 일어나면 기분이 상쾌해지고, 머리도 맑아지고, 전날의 다양하고 복잡했던 감정도 정제되고 정리되어 마음이 편해진다. 잠이 보약이라는 말처럼 잠은 우리의 신체와 마음을 치유해 줌으로써 안정적인 자존감을 유지하는 것에 영향을 미친다.

 기분이 울적하거나 자존감이 낮아지는 하루라면, 잠을 충분하게 자지 못했는지에 대해서 생각해 볼 필요가 있다. 숙면을 충분히 취하지 못했다는 것은 말 그대로 신체의 에너지와 마음을 충분히 회복시키지 못했다는 뜻이기 때문이다. 잠이 부족하면 예민해지고, 체력도 떨어지고, 사고가 둔화하는 만큼 하루의 질이 떨어지는 것은 당연하다. 실제로 잠이 부족해 불안하거나 우울한 마음이 생기기도 한다. 나를 위해서라도 개인에게 적정한 시간의 잠은 꼭 필요하며, 오히려 하루를 보내는 나의 마음과 업무적 성취에도 긍정적인 영향을 줄 수 있기에 충분히 잠을 자고 숙면을 취하기 위한 노력이 필요하다.

· 종교

 종교는 절대자, 그리고 초자연적인 현상이나 질서에 대한 믿음을 바탕으로 이루어지는 시스템으로서 우리의 삶에 많은 영향을 미치는 요인이다. 개인이 종교를 가지고 있든 없든, 종교는 우리 삶의 다양한 부분에 밀접하게 연관되어 있으며, 우리는 그 세상 속에 살고 있기 때문이다.

종교는 우리가 인생에서 마주하는 다양한 문제에 대한 해결책과 삶을 살아가는 방향성을 제시한다. 그래서 나약한 인간에게 종교는 의지함으로써 마음의 위안을 믿을 수 있는 수단이자, 복잡한 인생을 좀 더 단순하게 만들어 주는 하나의 대안이 되기도 한다.

사람은 나약하고 흔들리는 존재이기 때문에, 인생에서 마주하는 다양한 긍정적, 부정적 자극에 쉽게 휘둘리는 경향이 있다. 긍정적인 자극이 주어지면 쉽게 교만해지거나, 객관성을 잃어 지나치게 상황을 낙관적으로 바라보기도 하고, 반대로 부정적인 자극이 주어지면 지나치게 부정적 감정에 빠져들고 마음을 회복하는 데 오랜 시간이 걸리기도 한다. 이렇든 사람의 마음은 튼튼하지 않기에 다른 사람과의 관계 속에서 상호 작용 하면서 내면적인 욕구를 충족시키고 정서적인 안정감을 찾으면서 살아간다. 그리고 그렇게 조금씩 성장하는 생각과 마음은 우리를 더욱 튼튼하게 만들어 세상 속의 풍파를 이겨내도록 만들고, 더욱 현명하게 살아갈 수 있도록 돕는다.

이런 측면에서 종교는 우리 삶에서 일어날 수 있는 다양한 개인의 고뇌와 문제점에 대한 해결책을 제시해 준다는 점에서 마음을 안정적으로 유지하는 데 큰 도움을 준다. 좀 더 나은 삶, 선한 삶을 살아가기 위한 종교적인 교리와 실천 방안들은 실제 그렇게 살아가기 위한 실천을 하도록 만들며, 불확실하고 불안한 미래를 더욱 당당히 마주할 수 있는 용기를 부여하기 때문이다. 신이 진짜로 있느냐 없느냐를 떠나 종교는 그 자체로 개인의 마음을 회복하고 유지하는 데 도움을 준다는 의의가 있다.

종교를 통해 신을 믿고, 세상에 대한 태도와 자세를 설정하고 살아가는 것은 좋다. 하지만 지나치게 의존하는 형태는 본인에게도 좋지 않다. 우리의 삶을 변화시키는 것은 외부의 초자연적인 현상이 아니라 결국 우리의 생각과 마음을 바탕으로 한 행동이 만들어 내는 것이기 때문이다. 종교에 지나치게 의존하게 되면 주체적으로 개척하며 살아가야 하는 우리의 인생이 수동적으로 변해 오히려 건강하지 못한 삶을 살아갈 수 있다. 지나친 의존이 현재를 합리화하고 더욱 성장하며 발전할 수 있는 가능성을 앗아갈 수 있다는 점만 인식한다면, 종교는 우리의 마음을 안정적으로 유지시키고 회복시키는 데 큰 도움을 주는 요인이 될 수 있다.

"

다른 사람을 이해하고 배려하기 위한
가장 좋은 표본, '나'

"

Chapter 4

자존감 연습

자존감 연습

　자존감은 나 자신, 타인과의 관계를 유창하게 이끌어 가는 능력이다. 그러기 위해서는 나라는 사람을 알아야 하고, 다른 사람을 이해해야 하며, 나와 상대방의 상태를 고려하여 적정한 소통 방식을 통해 상호 작용을 할 수 있어야 한다. 그리고 이 과정에는 연습이 필요하다. 내가 다른 사람과 소통하기 위해 가져야 하는 마음가짐 연습, 나라는 사람을 알아가는 연습, 다른 사람을 이해하는 연습, 상대방과 의사소통하는 연습이다. 인간관계는 혼자서 배울 수 없고 모든 사람은 다른 성향과 기질을 가지고 있기에 상당히 많은 시행착오가 동반된다. 우리는 다른 사람과 소통하는 과정에서 상처를 받기도 하고, 반대로 상처를 주기도 하지만, 갈등이 생기고 이를 풀어나가는 과정을 통해 인간관계를 배우며 조금씩 성장해 나간다.

자존감은 우리가 나를 포함한 다른 사람들과 관계를 맺고 이를 잘 유지하며 긍정적인 에너지를 주고받을 수 있는 기반이다. 그래서 우리는 모두 자존감을 형성하고 잘 유지하기 위해 연습하면서 능력을 성장시킬 필요가 있다.

· 체력 관리

체력은 한 사람이 가지고 있는 에너지로서 사람에게서 이루어지는 모든 활동의 기초 자원이다. 사람은 자신이 가지고 있는 에너지만큼 활동할 수 있다. 에너지가 있으면 일을 하든, 사람을 만나든, 운동을 하든 다양한 활동을 하게 되고, 반대로 에너지를 모두 소모하게 되면 휴식이나 잠을 통해 에너지를 회복하는 과정을 반복하며 체력을 유지하고 삶의 균형을 맞추어 나간다. 즉, 체력이 많다면 그만큼 많은 활동을 할 수 있고, 생산적인 활동에 초점을 맞춘다면 훨씬 가치 있는 삶을 살아갈 수 있게 된다는 뜻이다.

우리가 가지고 있는 체력은 모든 측면에 활용된다. 일을 열심히 하고, 몸을 쓰는 것과 같이 신체적인 부분뿐만 아니라 정신적인 모든 활동에도 영향을 미친다는 뜻이다. 창작, 공부와 같은 사고 활동, 고민, 스트레스와 같은 정신적인 자극에 대한 반응, 기쁨과 슬픔, 후회와 불안과 같은 감정 반응, 다른 사람과 함께하는 활동, 생각의 교환, 감정의 교류도 마찬가지로 우리의 에너지를 소모한다. 그래서 체력은 우리의 인생에 너무나도 중요하다. 나라는 사람이 신체적, 정신적인 활동을 하도록 만듦으로써 세상 속에서 나라는 사람의 위치를 결정짓도록 만들기 때문이다. 우리 인생에서 운동이 중요한 이유는 단순히 건강을 챙기기 위한 것만이 아니라 우리가 가지고 있는 에너지를 더욱 효율적으로 관리하고 밀도 있는 삶을 살아갈 수 있도록 도와주는 활동이기 때문이기도 하다.

체력의 측면에서 바라보면, 우리가 한 가지 감정에 매우 깊게, 오랫동안 빠져 있는 것 또한 에너지를 계속해서 소모하는 작용이기에 다른 활동을 할 수 있는 활력을 줄이는 결과를 초래하기도 한다. 지나치게 일에 열중하고 열정을 쏟아내면 번 아웃이 오게 되는 것처럼, 지나친 고민과 스트레스, 불안과 우울에 빠지면 에너지가 방전되고 그렇게 에너지가 소모되는 만큼, 다른 생산적인 활동을 할 여력이 줄어드는 악순환이 반복된다. 이 말은 반대로 생산적인 활동에 에너지를 사용하면, 상대적으로 부정적인 감정에 사용할 에너지가 없다는 뜻이기도 하다.

그래서 체력은 감정인 나의 자존감과 인간관계에도 영향을 미친다. 체력이 있어야 나라는 사람을 더욱더 알아가기 위한 노력을 할 수 있고, 다른 사람을 이해하고 배려하기 위한 노력을 할 수 있으며, 스스로 성찰하고 더욱 발전하고자 하는 노력을 할 수 있기 때문이다. 내 몸이 피곤하면 아무것도 하기 싫고, 다른 사람과 함께하는 것이 불편하고, 평소라면 아무렇지 않은 것도 예민해져서 짜증이 난다. 그래서 체력이 부족한 사람들은 인간관계에서 더욱 예민하고, 자기중심적이 되기 쉽다. 다른 사람을 이해하고, 포용하고, 배려하기 위한 노력을 할 수 있는 에너지가 더욱 적기 때문이다.

그렇기에 우리는 가장 먼저 자신의 체력을 관리할 수 있어야 한다. 일단 체력을 관리함으로써 충분한 에너지를 확보하고, 그 이후에 에너지를 어떻게 나 자신을 위해, 자존감과 인간관계를 위해 효율적으로 사용할 수 있을지에 대해 고민해 봐야 한다. 체력이 좋은 사람은 힘든 상황 속에서도 더욱 여유가 있고, 본인이 혼란스럽고 당황스러운 상황에서도 다른 사람을 배려한다. 그럴 만한 여력이 있기 때문이다. 마찬가지로 자존감 또한 에너지가 있어야 올바르게 발휘될 수 있다. 체력이 중요한 이유다.

· 회복 탄력성

회복 탄력성은 마음의 근육으로 불리는 개념으로 인생에서 마주하는 크고 작은 문제들과 마주하였을 때 힘든 상황 속에서도 이를 긍정적으로 빠르게 회복할 수 있는 능력이다. 삶을 살다 보면 좋은 일도 일어나기 마련이지만, 실패와 좌절, 이별과 상실, 갈등과 배신과 같이 나를 힘들게 만드는 사건 또한 경험하게 된다. 회복 탄력성이 높은 사람은 이러한 상황에서 오는 부정적인 자극과 감정에도 불구하고 그러한 감정에 오래 빠져 있지 않고 빠르게 마음을 회복하여 현실을 직면하고 문제를 해결한다. 그리고 그 과정에서 더욱 많이 배우고 크게 성장한다. 부정적인 감정은 지속적으로 에너지를 사용하여 체력을 소모시키지만, 빠르게 회복할 수 있다면 그 에너지를 문제를 해결하면서 성장하는 것에 활용할 수 있기에, 단순히 부정적인 감정을 회복하는 것 이상의 더 큰 성취를 달성하게 된다. 회복 탄력성은 세상에서 일어나는 일들을 긍정적으로 받아들이는 습관이기도 하기에 개인을 성장시키고 성취를 달성하는데 큰 기여를 하는 능력이기도 하다.

회복 탄력성은 마음의 근육이기에 감정 중 하나인 자존감에도 그대로 적용될 수 있다. 회복 탄력성이 높으면 자존감이 떨어진 상황에서도 빠르게 자존감을 회복하고 안정적으로 유지

self-esteem practice

시키며, 자존감이 떨어졌을 때, 이를 회복하기 위해 노력하는 과정에서 더 높은 자존감을 형성할 수 있도록 도와주기 때문이다.

회복 탄력성은 어느 정도 개인이 타고난 낙천적인 성향에 영향을 받으며 인생 속에서 마주하는 다양한 사건들 속에서 끊임없는 자아 성찰과 문제 해결을 위한 후천적인 노력을 통해 다듬어지고 발전한다. 그래서 우리는 마음의 근육인 회복 탄력성을 키우기 위해 노력해야 한다. 아래에서 설명하는 내용을 참고하여 삶의 역경을 받아들이고, 마음을 회복하고 극복해 낼수 있는 마음의 근육을 키워보자.

① 누구에게나 힘든 일은 찾아온다
이 세상에 힘든 일이 없는 사람은 없다. 정말 잘나 보이고 부족함이 없어 보이는 사람도 인생을 살면서 괴로움을 느끼고 다양한 고민을 가지고 산다. 각자 처한 상황에서 괴로움을 느끼게 만드는 기준이 상대적으로 다르고 개인마다 이를 받아들이는 반응에 차이가 있을 뿐이다.

힘든 상황이 생기면, 사람들은 더욱 상황에 몰입하여 나에게만 힘든 일이 찾아온 것처럼 착각한다. 하지만 누구에게나 힘든 일은 찾아오고 이를 마주하고 극복하면서 살아가고 있다.

그 내용은 나보다 훨씬 심각할 수도, 사소할 수도 있지만, 결국은 이를 받아들이는 개인이 어떻게 받아들이느냐에 따라 달라진다.

② 시간이 지나면 별것 아니거나, 잊힐 일이다

1개월 전, 1년 전, 10년 전 당신을 가장 힘들게 했던 고민이 무엇이었고, 그때 어떤 감정이 들었었는지 명확하게 기억이 나는가? 아마 잘 기억이 나지 않을 가능성이 높다. 뭉뚱그려진 기억으로 괜찮았다. 힘들었다 정도의 기억은 남겠지만, 그 시기의 생각과 감정까지 현장감 있게 기억이 남는 경우는 거의 없기 때문이다. 외상 후 스트레스 장애와 같이 오랜 시간 영향을 받게 되는 사건이 있을 수도 있지만, 대부분의 고민은 시간이 지나면 나중에는 별것 아니거나 기억조차 남지 않는 일이 되는 경우가 허다하다.

③ 문제를 해결하지 못하더라도 최선은 다할 수 있다

힘든 상황은 이를 유발하는 원인이 존재한다. 그래서 문제를 해결한다면 힘든 상황에서 벗어날 수 있는 경우가 많다. 하지만, 모든 일은 내 마음처럼 굴러가지 않고, 때로는 내가 통제할 수 없는 영역에서 문제가 발생해 해결하기 어려운 상황도 존재한다. 하지만 최선을 다할 수는 있다. 최선을 다하는 태도는 습관이 되어, 해결이 안 될 것 같은 상황 속에서도 문제를 해결하게 도와주고, 해결할 수 있는 문제를 더욱 쉽게 해결할 수 있도록 만들어 준다. 쉽게 포기하지 않을 때 역경과 고난은 더욱 큰 성공으로 이어지는 길을 제시하기 때문이다.

④ 어떠한 상황 속에서도 배울 점은 있다

어떠한 문제가 생겼을 때 같은 문제를 반복하지 않으려면 사건을 통해 교훈을 찾고 실수를 반복하지 않기 위해 노력해야 한다. 겪지 않았다면 더 좋았을 일이라도 이미 발생했다면 더 많이 배우는 것이 나를 위하는 방법이다. 물론 힘든 상황에서 배우기 위해서는 나의 마음이 먼저 정리되어야 하고 굳은 의지가 필요하기에 나의 마음을 먼저 살피는 것이 우선이다. 그리고 마음이 정리되었다면, 좀 더 배울 점을 찾고 성장해야 한다.

⑤ 다른 사람의 도움을 받는 것은 창피한 것이 아니다

삶에서 발생하는 문제를 모두 혼자서 짊어질 필요는 없다. 물론 결국 문제를 감당하고 해결해야 하는 것은 나 자신이지만, 다른 사람과 소통하면서 마음의 위안을 받고, 전문가에게 지식적인 도움을 받는 것은 상황을 이겨낼 수 있는 매우 효율적인 방법이기 때문이다.

우리 주변에는 다른 사람에게 도움을 받거나, 상담을 받는 것을 자신의 나약함을 드러내는 것이라고 생각해 거부감을 가지고 있는 사람들도 많다. 하지만, 앞서 말했듯 혼자 살아가는 세상이 아니고, 약한 모습이 없는 사람 또한 없다. 그래서 나의 나약함을 드러내는 것은 오히려 스스로의 상황을 인정하고 문제를 해결하기 위해 노력하는 용기 있는 행동이자 강한 모습이라고 할 수 있다.

· 방어기제

방어기제는 잠재적인 위협이나 불안한 상황으로부터 나를 보호하기 위해 무의식적으로 이루어지는 사고와 행동의 양상이다. 방어기제는 무의식적으로 나타나는 모습인 만큼 우리 삶의 다양한 부분에서 찾아볼 수 있고 방어기제가 발현되는 모습에 따라 그 사람이 어떤 사람인지를 판별할 수 있도록 도와주는 주요 요소가 되기도 한다. 그래서 내가 실수를 했을 때, 갈등이 발생했을 때와 같이 나를 곤란하게 만드는 사건들 속에서 나를 방어하기 위한 방어기제가 어떻게 발휘되는지를 알고 성숙한 방어기제를 발휘하기 위해 노력해야 한다. 미성숙한 방어기제는 보통 나를 더 곤란한 상황으로 몰고 가기 때문이다.

미성숙한 방어기제의 사례는 너무나도 많다. 내 뜻대로 일이 흘러가지 않는 상황에서 소리를 지르고, 화를 내거나 우는 것,

self-esteem practice

난처한 상황에서 거짓말로 둘러대는 것, 문제가 생겼을 때 책임을 전가하거나 회피하는 것, 누군가에게 지나치게 의존하는 것, 납득하기 어려운 이유를 가지고 합리화를 하는 것, 자신의 불만을 상대방에게 빈정거리는 형태로 표현하는 것, 다른 곳에서 받은 스트레스를 엉뚱한 사람에게 푸는 것, 상황을 부정하는 것, 속은 만신창이가 되었음에도 겉으로 태연한 척을 하는 것, 상황을 왜곡시켜 정당화하는 것, 내 말에 동의하면 무조건 우호적으로 대하고 반대하면 적으로 돌아서는 것, 잘못을 하고 죄책감을 해소하기 위해 엉뚱한 대상에게 호의를 베푸는 것, 폭식을 하면서 스트레스를 푸는 것, 각종 중독에 빠지는 것 등이다. 이렇게 발휘되는 방어기제는 현재의 불안과 위협에서 보호해 주는 것처럼 보이지만, 실제론 그 사람을 더욱 힘들고 어려운 상황으로 몰고 가는 경우가 많다.

반대로 성숙한 방어기제란 다음과 같다. 불편하거나 어색한 상황에서 재치 있게 유머로 분위기를 전환시키는 것, 자신이 타인에게 받기 원하는 만큼 먼저 베푸는 것, 불쾌한 상황에서도 일단 참고 상황을 지켜보는 것, 나의 불편한 감정을 직면하고 인정하는 것, 상대방의 마음을 헤아리고 배려하는 것, 갈등이나 문제가 되는 상황을 만들지 않기 위해 선제적으로 조치하는 것, 나의 욕구를 절제하는 것, 스트레스를 운동과 같은 건전하고 생산적인 활동을 통해 푸는 것, 갈등 상황에서도 침착하게 대화를 시도해 보는 것 등이다. 이 사고와 행동들의 공통점을 찾아보면 마치 불만을 제대로 해소하지 못하고, 손해를 보는 것처럼 보이지만, 실질적으로 사람들 사이에서 더 좋은 평판을 유지하고 좋은 사람들을 끌어모으는 데 도움을 줌으로써 더욱 행복한 인간관계를 유지할 수 있도록 돕는다.

이처럼 방어기제에 대해서 알게 되면, 본인의 모습을 되돌아보면서 미성숙하게 표현되고 있는 방어기제를 고치기 위해 신경 쓰고, 성숙한 방어기제를 형성하고 발휘해야 할 필요성을 느끼게 된다. 자존감이 높은 사람은 성숙한 방어기제를 발휘하는 사람이라고도 할 수 있다. 자신을 믿고 존중하기에 곤란하거나 난처한 상황을 회피하지 않고 그대로 받아들일 수 있고, 다른 사람을 살피고 돌볼 수 있는 마음의 여유가 있기에 나와 상대방을 배려한 더 나은 대응을 통해 성장하고 더 나은 결과를 만들 수 있기 때문이다.

· 자아 성찰

자아 성찰이란 자신의 마음을 돌아보며 스스로 살피는 것을 말한다. 현재 자신의 상태를 파악하는 것을 포함하여, 자신에 대해 분석하고 고민하며 자신에 대해서 깨달아 가는 과정이다.

우리는 자신에 대해서 잘 알고 있다고 생각하지만, 객관적으로 잘 알지 못하는 부분이 매우 많다. 내가 어떤 상황에 행복을 느끼는지, 어떤 상황에서 불편함을 느끼는지, 어떠한 감정이 들었을 때 왜 그러한 감정이 들었는지 등이다. 예를 들어 온종일 기분이 처져 있다고 할 때, 그 이유가 무엇인지, 나의 상태가 무엇인지 잘 모른다는 것이다.

살다 보면 내가 전혀 모르는 나의 모습도 경험하게 된다. 위기의 상황에 봉착했을 때, 사랑하는 사람과 헤어졌을 때, 수많은 사람 앞에서 발표할 때, 체력적으로 극한의 상황에 몰렸을 때 등 어떠한 상황을 겪어보지 않으면 알 수 없는 나의 모습도 존재한다. 내가 나라는 사람을 제대로 알지 못했을 때 처음 보는 나의 모습을 발견하거나 익숙하지 않은 감정을 경험하게 되면, 당황하게 되고 처음 다뤄보는 생각과 감정이기에 미성숙한 대응을 하게 된다. 그리고 그러한 대응은 나의 상황을 더욱 힘들게 만들고 망치는 경우가 많다. 이별 후 미련이 남아 스스로를 감당할 수 없어 이미 감정이 떠난 상대에게 울면서 매달리거나, 본인으로 인해 다른 사람에게 피해가 갔을 때 일이 더 커질 수도 있음에도 책임지려 하지 않고 모르는 척 일관하는 것 등이다.

나를 제대로 알아가기 위해서는 먼저 나라는 사람의 상황과 상태를 정확하게 인지해야 한다. 내 생각과 감정, 상태 및 욕구를 솔직하게 인정하는 것이 정확한 진단과 분석, 개선 등 모든 변화의 시작점이기 때문이다. 속상하지만 속상하지 않다고 합리화하거나, 스스로 자신의 능력을 과대평가하면, 자신을 정확하게 알고 더욱 성장하기는 실질적으로 어렵다. 부부가 싸우고 속으로는 너무 속상해하면서도 겉으로 괜찮은 척한다면, 스스로 나의 마음을 돌보고 치유하지 못해 상처가 남아 상대방을 믿지 못하거나, 결혼에 대한 잘못된 관점으로 변질될 수 있고 나중에 또 상대방과 싸우는 상황이 발생할 경우 기존의 경험을 바탕으로 나와 상대방을 고려한 대응이 아닌, 비슷한 대응을 통해 또다시 상처받는 상황이 반복될 가능성이 높다.

자아 성찰을 할 수 있는 방법은 다양하다. 스스로 나에 대해서 고민해 보는 것이 핵심이기에 일기를 써볼 수도 있고, 산책을 해볼 수도 있고, 명상을 하는 것과 같이 몰입할 수 있는 활동을 통해 나를 되돌아보는 것도 가능하다. 나에 대해 알아가는 것은 매우 어려운 일이지만, 나에 대해서 더 알게 될수록 삶의 방향성은 뚜렷해지고, 그만큼 만족과 행복은 더욱 높아질 수 있게 될 것이다.

· 자기 확신

　자기 확신이란 자신의 목표를 정확히 알고 있으면서, 스스로 이를 해낼 수 있다는 신념을 가지고 있는 것을 말한다. 비록 그 과정에는 분명 장애물과 고난이 있겠지만, 이러한 과정 속에서도 묵묵히 앞으로 나아가면서 인격적, 능력적으로 성장하고 결국에는 목표를 달성할 수 있다는 믿음이다. 능력이 뛰어나 모든 문제를 해결할 수 있다는 자신감이 아니라 어떠한 문제에 부딪히더라도 이를 열심히 노력해서 극복해 낼 수 있다는 자신감이다. 그래서 자기 확신이 있는 사람은 의사결정에 있어 매우 적극적이고 책임감이 있다. 그리고 자신의 부족한 점을 인정하고 극복하기 위해 노력한다. 주변의 시선이나 말에 지나치게 휘둘리지 않고, 다른 사람을 시기하고 질투하기보다 인정하고 배우기 위해 노력한다. 나에 대한 믿음은 곧 다른 사람에 대한 인정과 존중으로 연결되어 개인의 성장에 초점을 맞추도록 만들기 때문이다.

　자기 확신을 어떻게 갖출 수 있을지에 대해 고민해 봐도 그 방법이 너무 모호한 것이 사실이다. 나를 믿는 것은 좋지만, 나를 믿다 보면 오히려 타인의 의견을 받아들이지 않는 독선이나 고집이 될 수 있고, 아무리 나를 믿어보려고 해도 스스로 제대로 가고 있는가에 대한 의문이나 불안이 계속해서 드는 것은 어쩔 수 없기 때문이다.

자기 확신은 현재 내가 하는 모든 일이 정답이라는 믿음이 아니라 올바른 방향으로 나아가고 있다는 것에 대한 믿음이다. 여기서 올바르다는 것은 내가 결과를 만들어 내기 위해 최선을 다해 고민하고 올바른 방식으로 문제를 해결하고 성취를 달성하기 위한 노력을 말한다. 올바른 방식으로 꾸준히 앞으로 나아간다면, 비록 지금의 방향이 틀릴지라도, 계속해서 방향을 찾고 수정하는 과정 속에서 목표로 이어지는 길을 발견하기 때문이다.

내비게이션에 목적지를 정확히 입력하면 중간에 길을 잘못 들더라도, 돌아가더라도 결국엔 목적지에 도착한다. 자기 확신은 거창한 것이 아니라 목적지를 어떻게 설정하고 이를 위해 어떠한 방식으로 나아갈 것인가에 대한, 나의 태도에 대한 믿음이다. 언제나 정확한 길을 찾는 것은 신이 아니라면 누구도 불가능한 일이다. 하지만 올바른 방식으로 길을 찾는 과정은 태도 및 마인드와 관련된 것이기에, 스스로 준비가 되어 있다면 얼마든지 확신을 가질 수 있다. 그리고 그렇게 자기 확신이 설정된 사람은 반드시 자신의 목표를 달성한다. 자신에 대한 믿음이 있기 때문이다. 스스로 할 수 있다는 믿음, 자신을 믿는다면 당신은 무엇이든 할 수 있는 사람이 될 것이다.

· 감정 다루기

감정은 우리의 무의식에 자리 잡아 우리의 생각과 행동을 휘두르고 지배한다. 내 마음이 편하지 않은 경우라면 머리로 아무리 이를 정당화하고 합리화하면서 좋은 쪽으로 생각해 보려고 하더라도, 마음을 불편하게 만드는 원인이 제거되거나 상황이 새로운 국면으로 전환되지 않는 이상 계속해서 마음이 불편한 경우가 많다. 그래서 우리는 울적하거나 부정적인 감정이 들 때, 자존감이 낮아졌을 때, 실제로 감정이 나아질 수 있게끔 자신의 감정을 다루고 이를 관리해 줄 수 있는 능력이 필요하다. 그리고 감정을 다루는 것 또한 기술이자 능력이기에 이를 연습함으로써 더욱 안정적으로 감정을 유지하고 회복하는 방법을 배워야 한다.

생각보다 많은 사람들이 자신의 감정을 직면하고 다루는 것에 익숙하지 않다. 기쁨, 슬픔, 분노, 불안, 우울 등 자신의 감정을 그대로 드러내는 것이 원만한 사회생활에 문제를 일으키는 경우가 많아 숨기는 것에 익숙하기도 하고, 어떠한 상황에서 발생하는 감정을 있는 그대로 받아들이기보다 '~해야 한다'는 당위성과 사회적인 역할에 치중되어 감정을 무시하고 넘어가는 습관이 형성된 경우가 많기 때문이다. 하지만 스스로의 감정을 제대로 인식하고 다루지 못하는 사람은 긍정적인 감정을 갈구하면서도 어떤 상황에 내가 행복한지를 알지 못하고, 부정적인 감정과 상황을 원치 않으면서도 이유를 모르기에 반복되는 상황을 해소하지 못한다. 그리고 그렇게 해소되지 못한 감정들은 나에게 누적되어 부정적인 방어기제가 되고, 나 자신과 인간관계를 더욱 악화시킨다.

자주 다니던 길에서 목적지를 찾는 사람과 처음 가는 길에서 목적지를 찾는 사람이 있다면, 당연히 길이 편하고 익숙한 사람이 목적지를 찾는 데 더욱 수월할 것이다. 길에 익숙하다면 목적지 주변이 혼잡하더라도 마음의 여유를 갖고 더욱 수월하게 목적지에 도달할 수 있다. 그래서 우리는 마음을 자주 다루어 줘야 한다. 마음을 자주 다루어 줄수록 조금씩 익숙해져, 갑작스럽고 새로운 감정을 좀 더 성숙하게 다루고 대응할 수 있기 때문이다. 그렇다면 마음을 다루는 방법에 대해서 알아보자.

① 현재 사건에 대해 정리한다

먼저 어떠한 사건을 원인으로 내 마음에 동요가 생겼는지를 파악해야 한다. 감정을 완전히 정리하는 주요한 방법은 나를 힘들게 만드는 사건을 종결시키는 것이기 때문이다. 많은 사람 앞에서 발표가 예정되어 긴장된다면, 발표가 끝난 뒤에는 자연스럽게 긴장되는 마음이 해소될 것이며, 누군가와의 갈등으로 인해 마음이 심란하다면, 어떠한 방향이든 갈등이 끝났을 때 마음은 어느 정도 해소될 것이다.

현재 사건이 어떠하고, 나를 둘러싼 환경이 어떠한지를 객관적으로 파악하는 것은 감정을 정리하는 중요한 실마리가 된다. 잠을 충분히 자지 못했든, 몸이 피곤하고 아프든, 떠오르는 감정은 반드시 원인이 있으므로 원인을 파악한다면 내가 피하고 싶은 감정이 다시 발생하는 것을 방지할 수 있다.

② 나의 마음을 솔직하게 적어본다

현재 떠오르는 내 생각과 감정을 가감 없이 말하거나 적어보는 것이다. 내가 나에게 하는 소통이기에 타인의 생각이나 관점, 인식을 고려할 필요 없으므로 솔직하게 마음을 터놓고 감정을 들여다볼 수 있고, 그 과정 속에서 내 감정 또한 자연스럽게 정리된다.

나의 마음을 정리할 때는 최대한 구체적으로 생각과 감정을 표현하는 것이 중요하다. 불쾌한 감정이라면 어떻게 불쾌한지를 좀 더 세부적으로 표현하는 것이다. 다른 사람의 이기적인 행동, 지저분한 것에 대한 불쾌함과 같이 그 원인이나 대상을 좀 더 명확히 하는 것만으로도 더욱 감정을 세분화시킬 수 있다.

감정을 다룰 때는 스스로 못났다고 생각하는 생각이나 감정도 솔직하게 다루어야 한다. 불안이나 우울, 슬픔과 같이 개인의 고민과 관련된 부분은 사람들이 해소하기 위해 적극적으로 다루지만, 흔히 부정적이고 잘못되었다고 인식되는 시기나 질투, 미움, 삐짐과 같은 감정은 외면하고 회피하는 경우가 많기 때문이다. 하지만 나에게 발생하는 감정에 잘못된 것은 없으며, 외면하는 감정은 어느새 곪아 나의 부정적인 방어기제를 만드는 상황을 초래한다. 마찬가지로 긍정적인 감정도 적극적으로 다루지 않는 경우가 많지만, 자주 다루어 준다면 긍정적인 감정을 더욱 만끽하고 자주 접할 수 있게 된다.

③ 내가 현재 상황을 잘 이겨낼 수 있을 것이라는 믿음을 적는다

당신은 어떤 문제든 해결할 수 있다. 그리고 그 과정 속에서 다양한 감정을 경험하겠지만, 그 감정들을 잘 다스리면서 더욱 성숙해질 수 있다. 이 말은 분명 틀림없는 사실이지만, 실제로는 회피하거나, 애써 외면하고 합리화하면서 문제를 해결하지 못하는 사람들이 많다. 상황으로부터 오는 스트레스, 인간관계에서의 갈등, 감정을 다루고 해결하는 과정은 생각보다 어렵고 상당한 에너지가 소모되기 때문이다.

그래서 문제를 해결하기보다 현재 상황에서 벗어나기 위해 앞에서 말한 합리화, 회피, 무시를 선택한다. 하지만 이러한 선택의 결과는 사람의 마음을 망가뜨려 사람을 회의적이고 냉소

적으로 만들고, 예민하게 만들어 사소한 일에도 감정에 휘둘리게 되며, 내면적으로 더욱 단단해질 기회를 잃게 만들어 또 다른 문제를 마주쳤을 때 또다시 회피하게 만든다. 이런 태도가 습관이 되면 아무 문제도 해결할 수 없는 사람이 되고, 반복해서 감정에 휘둘리는 사람이 된다.

당신은 현재의 상황을 현명하게 해결하고, 현재의 감정을 충분히 조절할 수 있다. 많은 노력이 필요하겠지만, 그 노력이 쌓이면 점차 마음은 편안해지고, 문제를 마주하고 해결할 수 있는 여유가 생긴다. 세상에 이겨내지 못할 무지막지한 일은 잘 없고, 우리의 삶은 앞으로 어떻게 하느냐에 따라 언제나 무궁무진한 가능성이 존재한다. 당신이 이번 기회를 통해 더욱 성장하고 성숙할 수 있다는 점에 초점을 맞추고 미래에 현재 내 상황을 이겨낸 모습을 생각하면, 마음에는 여유가 생긴다.

④ 좀 더 멀리서 객관적으로 상황을 생각해 본다

지금 내가 느끼는 상황은 나의 감정과 결합되어 더욱 극단적으로 인식된다. 그래서 같은 상황이라도 더욱 심각하고 복잡하게 느끼는 경향이 있다. 그래서 멀리서 바라보고 생각해 본다는 것은 감정으로 인해 상황에 지나치게 몰입하고 빠져 있는 모습에서 벗어나 좀 더 상황을 객관적으로 느끼기 위한 과정이다.

인생은 복잡하고 어렵지만, 그렇다고 해서 우리가 감당할 수 없는 사건은 잘 일어나지 않는다. 당장 돈을 잃었다고 해서 인생이 끝나는 것도 아니고, 취업이 안 된다고 해서 또 다른 기회가 없는 것도 아니며, 직장에 너무 싫은 사람이 있고 스트레스를 받는다고 하더라도 직장이 내 인생의 전부가 될 수는 없는 것처럼, 좀 더 멀리서 바라보면 우리가 인생을 배워가는 과정은 조금 쓰기도 하지만, 좀 더 긍정적으로 생각하고 배울 만한 요소는 분명히 있다. 내가 앞으로 어떻게 행동하느냐에 따라서 미래는 충분히 달라질 수 있기 때문이다.

그래서 혹시 현재 내가 너무 감정에 치우쳐서 상황을 제대로 인식하지 못하고 있는 것은 아닌지 생각해봐야 한다. 내가 조금 극단적으로 생각하고 있다는 것을 알아채는 것만으로도 감정을 다스리는 데 큰 도움이 된다.

⑤ 다른 사람의 입장에서 생각해 본다

내가 느끼는 생각과 감정은 순전히 나 자신을 기준으로 한다. 그렇기에 다른 사람의 입장에서 느낄 수 있는 생각과 감정에 대해 고민해 보면, 내 상황이 어떻게 타인에게 인식되는가에 대해 알 수 있다. 사람은 다른 사람에게 이해받고 공감받는 것만으로도 위로를 받기에, 내가 느끼는 생각과 감정이 충분히 상식적이고 보편적이라는 판단이 들면 스스로 마음이 좀 더 너그러워진다. 그리고 만약 그렇지 않다면 내 생각과 감정을 한 번 더 되돌아볼 기회가 생긴다.

다른 사람의 입장에서 생각함으로써 내 생각과 감정에 의문을 품고 고민해 보는 것은 성장하는 과정이다. 하지만 떠오르는 나의 감정이 잘못되었다고 생각할 필요는 없다. 감정은 무의식적으로 반응하는 것이기에 옳고 그른 것이 없으며, 내 감정을 부정하거나 의문을 품는 순간 나라는 사람에 대한 확신이 떨어져 자존감이 매우 크게 요동치게 되기 때문이다. 상대방을 이해하려고 노력하는 것은 중요하지만, 지나치게 합리화하거나 좋게 생각하려고 하고 나의 잘못으로 생각할 필요는 없다. 일방적인 관계는 없기에 문제가 있다면 모두에게 있다는 생각으로 문제에 접근하고 고민해 보는 관점이 필요하다.

⑥ 현재의 사건이 나에게 도움이 되는 이유에 대해 찾아본다

인생에서 발생하는 모든 사건들은 이를 잘 극복하고 그 과정 속에서 교훈을 찾을 수 있다면, 나를 성장시키고 성숙시키는 요소로 작용한다. 좋은 사람과 함께하면 좋은 것을 배울 수 있고, 나쁜 사람을 만난다면 반면교사 삼아 하면 안 되는 것들에 대해서 배울 수 있는 것처럼. 감정의 정리가 필요할 때 내가 마주하고 있는 상황 또한 나를 성장시킬 수 있는 발판이 될 수 있다.

그러므로 우리는 현재의 사건으로 인해 복잡한 감정 속에서도 나에게 도움이 될 수 있는 점에 대해 찾아보아야 한다. 현재 상황에서 좋은 점을 찾아 꼭 나쁜 것만은 아니라는 것을 이해하면 감정을 정리하는 것에 도움이 되며, 실제로 도움이 되는 것에 초점을 맞춤으로써 더 많이 배우고 성장할 수 있기 때문이다. 하지만, 현재의 상황이 너무나도 심각하게 느껴져서 나라는 사람이 무너질 것 같은 경우라면 잠시 거리를 두거나 외부의 도움을 받는 것도 하나의 답이 될 수 있다. 감당하기 어려운 감정은 나의 정신과 신체를 망가뜨리고 병들게 만들기 때문이다.

⑦ 현재 상황을 극복하기 위한 나에게 필요한 노력을 적어본다

어떠한 문제에 대해 고민만 한다고 해서 해결되는 것은 아무것도 없다. 그래서 나의 감정을 복잡하게 만드는 현재 상황을 정리하고, 나의 감정을 다스리기 위해 실제 어떤 행동을 할 수 있는지 고민하고, 이를 실천해야만 한다. 운동을 하는 것도 방법이 될 수 있고, 주변 지인이나 전문가의 도움을 받을 수도 있고, 직접 나서서 문제를 해결할 수도 있다. 어떠한 문제든지 해결할 수 있는 방법은 반드시 있고, 스스로 노력한다면, 특히 다른 사람들의 도움을 받아 함께 한다면 더욱 수월하게 해결될 수 있다.

⑧ 실행한다

⑨ ①~⑧ 과정을 반복한다

과정을 반복해야 하는 이유는 이 과정 속에서 생각이 편향되고 감정에 치우쳐 매몰되는 것을 방지하기 위함이다. 객관적으로 생각하기 위해 노력하다 보면 나의 감정을 무시하게 되고, 상대방을 이해하기 위해 노력하다 보면 정말 잘못된 부분까지도 이해하기 위해 노력하면서 에너지를 소모하고, 나 자신에 대한 자신감이 없어질 수 있다. 마찬가지로 내가 배울 수 있는 긍정적인 것들에만 초점을 맞추다 보면, 현재 나의 상황에 대한 해결책이나 실마리는 전혀 없는 상태로 정신승리와 합리화만 하면서 실제 나의 문제를 객관적으로 바라보지 못하는 경우도 발생할 수 있다.

감정을 다루는 것은 쉽지 않지만, 많이 다뤄볼수록 더욱 능숙해진다. 이 과정을 통해 다양한 감정을 경험하고 이에 익숙해질수록 나를 더 잘 이해할 수 있고 나아가 다른 사람을 이해하고 공감할 수 있게 된다. 나를 둘러싼 모든 감정은 모두 의미가 있으며, 나를 구성하는 것이기에 다양한 감정을 다루고 익숙해지기 위한 노력을 해야 한다.

· 자기 공개

 인간관계는 서로를 조금씩 알아가는 과정을 통해 깊어진다. 서로를 알아가기 위해서는 나를 상대방에게 알려주어야 하고, 상대방에 대해 알아야 한다. 이 과정에서 중요한 것이 바로 '자기 공개'라는 개념이다.

 자기 공개는 여러 수준으로 나뉘며, 가벼운 수준에서 관계가 친밀해짐에 따라 점차 무거워진다. 처음에는 이름과 나이, 사는 곳, 직업과 같이 피상적인 정보로 시작하여, 취미나, 가족 관계, 일상 속의 경험, 고민이나 갈등 등으로 정보의 내용이 점차 깊어지게 되는데, 이 말은 다른 사람을 처음 만나는 자리에서 관계가 진전됨에 따라 적합한 대화의 순서가 있다는 뜻이다. 처음 만난 사람에게 너무 깊은 이야기를 하거나, 어느 정도 가까워진 상태에서 피상적인 내용의 대화만 이루어질 경우 관계적으로 더욱 가까워지는 것이 제한되기에 관계에 적합한 대화를 이끌 수 있어야 한다.

 또한 자기 공개는 상호 교환적인 방식으로 이루어진다는 특징이 있다. 어느 한쪽이 자신의 정보를 공개하면, 상대방 또한 자신의 정보를 공개하는 방식으로 주고받으며 대화가 진척된다. 상대방이 가족 이야기를 하게 되면, 나 또한 자연스럽게 가족 이야기를 꺼내게 되고, 가족을 주제로 한 대화에서 나오는 또 다른 주제에 대해 상대방 또한 이야기를 꺼내게 되는 방식이다. 따라서 상대방에 대해 더 알고 싶다면 무조건적인 질문만을 하는 것보다는 나에 대해서 말하는 것이 상대방의 이야기를 이끌어 낼 수 있는 효율적인 방법이다. 이 과정을 통해 서로를 더 이해하게 되고 신뢰가 형성되며 관계가 더욱 돈독해질 수 있다.

우리는 삶을 살아가면서 자연스럽게 자기 공개를 하면서 살아간다. 세상을 살다 보면 상대방을 더욱 알아가고 싶은 나의 노력과는 다르게 호응하지 않는 사람들도 접하게 된다. 하지만 이러한 점을 내가 부족하고 문제가 있기 때문이라고 생각할 필요는 없다. 세련되고 적절한 대화 방식이 동반된다면 더욱 좋겠지만, 그렇지 않더라도 상대방에 대한 존중과 솔직함이 있었다면 충분하기 때문이다. 나를 공개한다는 것은 상대방에게 보내는 나의 호감과 신뢰의 표시다. 자기 공개를 적절히 활용한다면 관계를 형성할 때 더욱 효율적으로 가까운 관계를 형성할 수 있게 될 것이다.

인간관계는 모두 생각과 감정을 표현하는 것으로부터 시작한다. 그리고 의사소통 과정을 통해 유지되고 더욱 깊어지며, 때로는 단절되기도 한다. 그래서 생각과 감정을 잘 표현하는 것은 윤택한 인간관계를 영위하기 위한 핵심 역량이 되었다. 생각과 감정을 상대방에게 어떻게 전달하느냐에 따라 내가 전달하고자 하는 의미가 정확하게 전달되기도 하고, 왜곡되어 전달되기도 하기 때문이다. 생각 및 감정을 표현하는 방식은 여러 가지가 있다. 말과 글, 행동이다. 그리고 이 과정이 어떻게 표현되느냐에 따라서 의미가 결정된다.

인간관계 속에서 발생하는 거의 모든 갈등 상황은 의사소통 문제로부터 비롯된다. 상대방이 걱정되어서 한 표현이 서툴러 상대방에게 짜증을 불러일으키고, 속상한 마음을 표현하는 것이 서툴러 상대방에게 상처를 주고, 유쾌한 분위기를 위해 친 장난이 상대방에게 불쾌감을 주는 경우 등이다. 이 모든 상황은 표현하는 사람의 의도가 상대방의 상태에 따라 왜곡되어 받아들여졌기에 발생한 사건이다. 그래서 생각과 감정을 표현할 때는 반드시 상대방의 입장이 고려되어야 한다.

상대방을 존중하고 배려한다는 것은 나의 표현이 상대방에게 어떻게 느껴질지를 고민하고 이를 반영한다는 뜻이다. 외모에 콤플렉스가 있는 사람에게 외모 얘기를 자꾸 하거나, 낯을 가리는 상대에게 지나치게 친근하게 다가가기 위해 노력한다면 그 의도가 아무리 좋다고 하더라도 내가 원하는 반응을 얻어낼 수 없다. 상대방은 나의 의도를 받아들이는 것이 아니라 드러난 표현을 해석함으로써 의도를 받아들이기 때문이다. 상대방이 기분이 좋을 때와 나쁠 때, 마찬가지로 내가 기분이 좋을 때와 나쁠 때, 같은 얘기라도 모두 다르게 표현되고 받아들여진다. 육식동물인 사자가 초식동물인 사슴에게 좋은 마음으로 고기를 선물하더라도 사슴은 고기를 먹지 못하기에 특별하게 고마움을 느끼지 못할 것이며, 오히려 자신을 잡아먹으러 온 것이 아닌지 두려움에 떨고 있을지도 모른다. 각자 처한 상황이 다르기 때문이다.

생각 및 감정을 잘 표현하는 방법은 구체적으로 정해진 것이 아니지만, 나의 의도를 온전하게 상대방에게 전달하기 위해 고려되어야 하는 몇 가지 사항들이 있다.

① 솔직하게 표현한다
솔직한 생각과 감정은 표현이 서투르더라도 어느 정도 제대로 전달된다. 진심은 통하기 때문이다. 스스로 표현이 서투르다고 생각한다면, 표현이 서투르다고 솔직하게 표현하고 의도

를 전달하는 것도 상대방이 오해하거나 잘못 받아들일 수 있는 여지를 줄일 수 있는 방법이다. 반대로 있어 보이기 위한 과장이나 허세는 전달하고자 하는 의미를 더 크게 왜곡시켜 소통에 도움이 되지 않고 장기적으로 인간관계에도 나쁜 영향을 미친다.

② 보편적이고 상식적인 표현을 사용한다

사람들은 살아오면서 어느 정도 공통적인 분모를 가지고 있다. 생활 습관이나 국가, 사회, 성별 등 인생을 살아오면서 구성원들이 공유하며 당연한 것으로 여기는 지식, 가치관, 이해력, 판단력, 사리 분별 능력 등이다. 그래서 표현을 할 때는 보편적이고 상식적인 표현을 사용해야 의도가 왜곡되는 상황을 방지할 수 있다.

한 분야의 전문가가 일반인과 대화하면서 전문 분야에 대해 관련한 단어와 은어를 섞어서 사용한다면 상대방은 아무것도 이해할 수 없다. 아이와 대화한다면 아이의 수준에 맞는 단어를 사용해야 하고, 좋아하는 사람에게 선물한다면 애정을 담은 편지, 꽃 등이 적합하지 생각을 하게 만드는 이상한 물체는 적합하지 않다. 걱정하는 마음을 분노로 표현하거나, 거절하는 마음을 짜증으로 표현하는 것도 마찬가지다.

표현은 간결하고 명확해야 한다. 나의 말에서 의도를 짚어내는 것은 상대방의 역량이기에 말이 길어질수록 잘못된 해석을 하게 될 가능성이 높아지기 때문이다. 또한 명확한 의미를 표현할 수 있는 단어를 선택해야 한다. 칭찬도 말이 길어지면 다른 의도가 있는지 의심하게 되고, 혹시라도 말실수하게 되면 오히려 칭찬을 안 하느니만 못하게 된다.

· 공감과 포용

우리는 개인의 생각과 감정을 자유롭게 표현하고 긍정받고 싶어 한다. 어떠한 의견을 말했을 때 다른 사람이 동조해 주면 좋겠고, 어떤 상황에 처했을 때 나를 이해해 주기를 바란다. 하지만 인생을 살다 보면 다른 사람과의 인간관계 속에서 생각과 감정이 부딪히면서 마음의 불편함이 생겨나는 경우가 종종 있다. 그리고 내가 힘들 때, 그리고 스스로에 대해 의심이 들 때 이러한 충돌은 나를 더욱 힘들게 만들고 분노, 화, 절망과 같은 또 다른 부정적인 감정을 발생시킨다. 그래서 우리는 나와 비슷한 사람을 좋아한다. 특별히 설득하려고 노력하지 않아도 나와 비슷한 사고를 하고 비슷한 상황에 웃고 슬퍼하는 사람이다.

하지만 세상의 사람들은 너무나도 다양하기에 사고방식과 감정이 나와 비슷한 사람을 찾는 것은 생각보다 쉽지 않다. 그래서 우리는 서로가 다름에도 함께 맞추면서 살아간다. 서로를 공감하고 포용하면서 말이다.

흔히 공감이라고 한다면 상대방의 입장에서 경험이나 상황을 인식하고 생각해 보는 것을 말한다. 어린아이가 넘어졌을 때 우는 모습을 보면 내가 직접 넘어지지 않았더라도 아프게 느껴지고 마음이 상한다. 또는 무서운 영화를 보면 나를 등장인물에 대입해 더욱 현실적으로 느낄 수 있는 것과 같은 맥락이다. 그리고 포용은 더 나아가 마음의 여유를 바탕으로 상대방의 생각과 감정을 안아주는 것으로 동조를 넘어서서 존중과 배려가 담긴 표현이다.

현대 사회에서 공감이라는 단어는 우리 주변에서 매우 중요한 부분을 차지하게 되었다. 공감은 인간관계 속에서 서로가 연결되어 있다는 느낌과 세상 속에서 혼자가 아니라는, 누군가가 옆에 있다는 느낌을 동시에 전달하기에 현대인들에게 힘과 에너지가 되고 응원과 위로가 되고 있기 때문이다. 그렇다면 어떻게 상대방을 더 많이 공감하고 포용할 수 있을지에 대해서 고민해 보아야 할 것이다.

먼저 공감하기 위해서는 내가 다양한 상황과 감정을 경험해 보아야 한다. 상대방의 입장에서 진심으로 공감하기 위해서는 내가 비슷한 경험을 해보았을 때 가능하기 때문이다. 물론 경험해 보지 않아도 상황을 예상함으로써 어느 정도 공감할 수 있지만, 직접 경험해 보았다면 큰 노력 없이도 진심을 담은 공감이 가능해진다. 연인과 헤어졌을 때 미련이 남아 정말 힘들었던 경험이 있다면, 상대방의 이별 소식을 듣고 진심으로 공감해 줄 수 있고, 그 상황에서 특별한 조언보다 잘 들어주는 것이 더 위로가 되었다면 내가 많이 들어주는 선택을 할 수 있다. 제삼자의 입장에서 객관적으로 옳은 말이라도 실제 당사자에게는 큰 의미가 없는 의견일 수도 있다는 것을 자연스럽게 알게 되는 것이다.

다음으로 수용적이어야 한다. 내가 경험하지 못한 상황이라고 할지라도 상대방의 입장에서 생각하기 위해서는 적극적으로 그 상황을 가정하기 위한 노력이 필요하기 때문이다. 나라면 다르게 행동할지라도 상대방처럼 행동했을 때를 가정하고 이해하는 것이기에 적극적으로 나를 상황에 대입할 수 있어야 한다.

공감은 단순히 나 자신이나 상대방이 힘들 때뿐만 아니라 일상생활 중 상대방과의 모든 대화 속에서도 발휘될 수 있다. 이

사람이 어떤 생각과 마음으로 표현하는지를 알게 되면 꼭 감
정적인 동조를 하지 않더라도 상대방의 원하는 욕구를 파악하
고 이에 대응함으로써 훨씬 더 친밀하고 윤택한 소통이 가능
해진다. 충분히 그렇게 생각할 수 있다는 마음가짐을 바탕으로
이루어지는 대화는 상대방에게 편안함과 안정감을 주며, 수용
받고 존중받는 느낌을 전달한다.

· 감사하기

우리의 인생 속에서는 아주 다양한 일들이 벌어진다. 아침에
일어나서 잠이 들 때까지, 학교에서, 직장에서, 대중교통에서,
길에서 수많은 사건들이 연속적으로 발생한다. 그 와중에는 기
억에 남지 않는 일들도 있고 오랜 시간 기억에 남을 일들도 일
어나지만, 지금도 우리의 삶은 이어지고 있고 어떤 행동과 사
건 또한 계속해서 이어지고 있다.

우리는 워낙 우리 주변을 지나가는 사건들이 많기에 상당히
많은 사건들을 기억하지 못하고 지나쳐 버린다. 매일 반복되는
일상 속에서 새롭고 특별한 것이 없기에 발생하는 자연스러운
현상이기도 하다. 그렇기에 우리는 의미가 있는 사건들을 중심
으로 기억한다. 기분이 매우 좋았던 사건 또는 기분이 좋지 않

았던 사건이다. 그리고 좋은 감정보다는 부정적인 감정이 더 크게 느껴지고 오래 기억에 남기에 일상이 반복되면서 감사함보다는 불편함을 더 많이 느끼게 된다. 하지만 우리 일상 속에는 우리가 놓치고 있는 감사와 좋은 사건들이 많이 존재한다.

횡단보도 신호가 바로 바뀌었거나, 버스가 바로 도착했거나, 지하철에서 자리가 바로 생겼거나, 주차 자리가 생겼거나, 찾던 물건을 바로 찾았거나, 맛있는 밥을 먹었거나, 화장이 잘되었거나, 칭찬을 받았거나, 날씨가 좋거나 한 것들이다. 일이 잘 안 풀린 것 같았지만, 좋은 상황으로 변화하기도 하고, 새로운 환경, 새로운 사람을 만나 좋은 감정이 들 수도 있다. 잠을 잘 자는 것, 마음이 편한 것, 하루를 일찍 시작하는 것, 활력이 넘치는 것, 아침에 보았던 아이의 미소, 만개한 꽃 등 우리 주변에는 우리를 감사하게 만들어 주는 다양한 일들이 상당히 많다.

감사함을 찾고 느끼는 것이 중요한 이유는 당신이 운이 좋은 사람이고 좋은 일들을 많이 경험하면서 살아간다는 사실을 다시 한번 상기할 수 있기 때문이다. 하루를 무사히 마무리하고, 소중한 사람들과 즐겁게 대화한 경험과 같이 이미 가지고 있는, 일어난 사건들 속에서 감사함을 찾아보는 것은 좀 더 마음의 여유를 높이고 자존감을 높일 수 있는 좋은 방법이다.

· 위로의 방법

요즘은 하루하루를 살아가는 사람들에게 위로가 필요한 시점이다. 직장 생활에 치이고, 자녀를 키우는 것도 힘들고, 해야 하는 것은 많고, 시간은 없어 항상 마음이 쫓기는 느낌이 든다. 미래는 불확실하고 걱정과 불안함이 공존하는 상황 속에서 마음을 다잡고 희망을 가지고 살아가지만, 이러한 상황을 누군가 알아주기를 원한다. 이렇게 사람들이 위로를 필요로 하는 것과 달리, 위로를 받기는 어려운 것이 현실이다.

위로는 상대방에게 말과 행동으로 괴로움과 슬픔을 달래주는 것을 말한다. 함께 맛있는 밥을 먹는 것, 장난을 치며 웃음을 꽃피우는 것, 아무 말 없이 같이 있어주는 것과 같이 표현이 어떤 것이든 상대방의 마음을 달래주고 힘과 에너지를 전달할 수 있다면 위로가 될 수 있다. 하지만 위로하는 것이 서툰 사람들은 잘 들어주기보다, 자신이 대화를 주도하고, 위로보다는 자신의 경험담이나 조언을 통해 불편함을 전달하는 경우가 많다. 이러한 위로는 상대방을 위한 것이라도 오히려 더 큰 스트레스를 전달하기도 한다. 그렇다면 위로를 잘하기 위해서는 어떤 방법을 써야 하는지 알아보자.

① 잘 들어주기

사람은 본인의 상황을 스스로 말하면서 자신의 상태와 마음을 다시 한번 확인하고 그 과정을 통해 생각과 감정을 정리한다. 그래서 잘 들어주는 것만으로도 상대방은 자신의 감정을 알아채고 이를 해결하기 위한 방법을 찾기 위한 노력을 한다. 상대방이 말하고 스스로 정리할 수 있도록 도와주며 시간을 함께하는 것은 위로의 대표적인 방법이다.

② 명료화시키기

상대방이 생각과 감정 속에서 혼란스러워할 때 상대방의 마음을 먼저 읽어주는 것을 말한다. "마음이 아팠겠다", "당황스러웠겠다"와 같이 스스로 인지하지 못한 마음을 짚어줌으로써 상대방이 스스로 상태를 인지하고 정리할 수 있도록 도와주는 것이다. 또한 그 과정 속에서 이해받고 공감받는다는 느낌을 통해 좀 더 마음이 편안해질 수 있도록 도울 수 있다.

③ 응원하기

사람은 자신을 보호하기 위해 괴로움과 슬픔을 극복하고 상황을 이겨내기 위한 다양한 노력을 한다. 이 과정 속에서 잘 이겨내고 극복할 것이라는 믿음을 전달하고, 힘이 되어주겠다는 말은 상대방에게 큰 응원이 된다.

위로할 때 문제 해결을 위한 도움이 필요한 것은 아니다. 문제 해결보다 마음의 안정이 더 필요한 경우가 많기 때문이다. 또한 무엇보다도 가장 큰 응원은 자신에게 하는 위로일 것이다. 자신의 생각과 마음을 가장 잘 알고 느끼고 있는 사람이며 문제를 감당하고 극복해야 하는 것 또한 본인이기 때문이다. 스스로를 위로하면서 어려움을 이겨내자. 나는 잘하고 있다. 그리고 앞으로도 잘 이겨낼 것이다.

· 적정한 거리

우리는 누군가 마음에 들고 잘 지내고 싶으면, 가까운 관계를 유지하려 한다. 그리고 가까워지기를 원하는 만큼 삶의 많은 부분을 공유하고 함께하기 위해 노력한다.

하지만 가까워지고 싶은 마음이 같더라도 그 정도는 개인마다 다르기 마련이다. 모든 사람은 각자 다른 가치관을 가지고 있기 때문이다. 누군가는 개인의 시간이 중요해서 함께 있는 시간을 힘들어하기도 하고, 함께 시간을 보내더라도 누구는 쉬는 것을, 다른 누구는 밖에서 활동하는 것을 더 좋아할 수 있다는 뜻이다.

우리는 모두가 다르다는 점에서 퍼즐과 비슷하다고 할 수 있다. 그래서 우리는 각자 나의 모양에 꼭 맞을 수 있는 상대방을 찾는다. 내가 튀어나온 부분에 상대방은 들어가 있기를 바라지만 결국 퍼즐과 같이 정확하게 맞아떨어지는 사람은 없다는 것을 깨닫는다. 그래서 상대방을 나에게 맞추려고 하고, 반대로 상대방에게 나를 맞추려고 하면서 서로 힘들어하고 관계가 망가진다. 서로 가까워지고 싶은 의지가 충분함에도 도리어 멀어지게 되는 것이다. 그래서 지나치게 가까운 것보다 서로 적정한 거리를 두는 것이 오히려 서로에게 도움이 되는 경우가 많다.

적정한 거리란 서로의 영역을 침범하지 않는 범위에서 최대한 가까워질 수 있는 관계다. 하지만 개인의 영역을 침범하지 않으면서 최대한 가까운 거리를 유지하는 것은 상당히 어렵다. 그렇게 되기 위해서는 자신에 대해서 잘 알고, 그만큼 상대방에 대해서도 많이 이해해야 하기 때문이다. 또한 영역이나 분야마다 적정한 거리를 찾기 위해 계속해서 부딪쳐야 하기에 상당한 의지와 노력, 체력이 필요하다. 그렇게 적정한 거리를 찾은 관계는 매우 깊고 오래 함께할 수 있는 관계가 된다.

다른 사람이 나와 완전히 맞을 수 없다는 것을 이해하게 되면, 더 나아가 나의 모든 욕구나 감정들을 한 사람에게서만 얻기 위해 노력할 필요가 없다는 것을 알게 된다. 가족, 연인, 친구 한 명으로부터 나의 정서적인 부분을 모두 충족시키기 위해 노력하면서 힘들어할 필요가 없다는 뜻이다. 누군가하고는 업무적인 대화가 잘 통하고, 누구하고는 인생 얘기가 잘 통한다면, 꼭 한 사람과 모든 부분을 맞추려고 노력하기보다 부분별로 잘 맞는 사람들과 함께하며 나의 정서적인 부분을 충족시킬 수 있다는 것이다.

· 생각과 감정의 전환

직장에서의 일을 가정에 가져가지 말라는 말이 있다. 나를 둘러싼 환경, 그리고 특정 관계로부터 유발되는 생각과 감정이 다른 환경과 인간관계에 영향이 미치지 않도록 조심하라는 말이다. 사실 생각과 감정의 주체는 나 한 명이기에 다양한 인간관계와 상황 속에서 발생하는 생각과 감정을 완전히 전환하고 영향을 미치지 않도록 하는 것은 불가능에 가깝다. 소중한 물건을 잃어버린다면, 한동안 기분이 좋지 않을 것이고, 복권에 당첨된다면, 누구를 만나도 기분이 좋을 것이 당연하기 때문이다.

하지만 생각과 감정을 상황에 따라 전환하는 것은 개인의 마음을 다루는 데 큰 도움이 된다. 나의 상황을 좀 더 객관적으로 바라볼 수 있게 만들어 주고, 기존에 계속해서 빠져 있던 생각과 감정에서 벗어나 기분을 전환할 기회를 마련해 주기 때문이다. 직장에서 받은 업무 스트레스와 감정을 퇴근 후 집에도 가지고 오면, 집에서도 같은 생각과 감정이 이어져 실제 업무 시간이 끝났음에도 계속해서 스트레스를 받아 자신에게 좋지 않고, 그러한 감정이 가족들에게 전달되어 또 다른 문제로 발전될 수도 있다. 하지만 생각과 감정을 전환할 수 있다면 퇴근 이후에 편안한 마음으로 가족들과 좋은 시간을 보내거나, 다른 활동에 즐겁게 임할 수 있을 것이다.

사람들의 생활 폭은 대부분 일 또는 가정으로 좁다. 그래서 인생의 한 영역에서 스트레스를 받으면, 다른 영역에서 생각과 감정을 전환하는 것이 서툴 수밖에 없다. 그래서 상황마다 생각과 감정을 분리해 보는 연습이 필요하다. 직장에 다니고 있는 나, 친구들을 만나는 나, 가정 사이에서의 나, 공부하는 나, 운동하는 나를 각자 독립적인 인물로 인식하면 생각과 감정을 분리하는 것에 도움이 될 수 있다. 또한 다양한 인간관계와 상황 속에 나를 두면, 한 영역에서 발생한 문제는 다른 영역을 통해 자연스럽게 회복할 수 있다. 일이 인생의 전부라면, 일에서 문제가 발생했을 때 인생에 문제가 발생하지만, 가정, 친구, 취미 등 다양한 영역에 인생이 분산되어 있다면, 한 분야에서의 문제는 다른 영역을 통해 회복될 수 있다는 것이다.

· 인간관계 관리

  우리는 인간관계 속에서 태어나 평생 인간관계를 맺으며 살아간다. 그리고 그 인간관계 속에서 가치관을 정립하고 살아가는 태도를 정립하며, 행복과 불행, 기쁨과 슬픔 등의 모든 감정을 경험한다.

  우리는 평생 인간관계 속에서 살아가기에 수많은 관계를 마주하고 반대로 단절되기도 한다. 가족들과 함께하며, 친구들을 만나고, 직장에서 일하면서, 또 다양한 활동을 하면서 사람들을 만나고, 결혼을 통해 새로운 가족을 만드는 등 계속해서 사람들을 만나게 되지만, 돌이켜 보면 그 과정 속에서 사라진 인연들도 정말 많다는 것을 알 수 있다.

  우리의 삶에서 관계가 형성되고 유지되며 사라지는 것은 자연스러운 현상이다. 성인이 되고 경제 활동을 왕성하게 하는 시기가 되면 자연스럽게 새로운 사람들을 만나면서 관계가 확장되지만, 은퇴한 이후와 같이 새로운 관계 형성이 자연스럽게 줄어드는 시기가 되면 기존의 관계를 잘 유지하고 의도적으로 관계를 만들기 위해 노력하지 않는 이상 관계는 수축된다. 그래서 사회적 동물인 인간은 자연스럽게 확장되고 수축되는 관계 속에서 좋은 사람들과 함께하기 위한 인간관계 관리 능력이 필요하다.

인간관계를 관리하는 방법 중 하나는 좋은 사람에 대한 기준을 설정하는 것이다. 내가 어울리는 사람들은 나에게 매우 큰 영향을 미치기 때문이다. 항상 불만이 가득한 사람들 사이에서는 나 또한 불만이 많아지기 마련이고, 항상 긍정적이고 밝은 사람들 사이에서는 나 또한 밝아질 수밖에 없다. 모든 사람은 다양한 면을 가지고 있고 각자 장단점이 있으며, 개인마다 중요하게 생각하는 가치가 다르기에 좋은 사람을 명확하게 구분하기 쉽지 않지만, 좋은 사람을 구분하는 어느 정도의 기준은 설정해 두어야 한다. 아래의 내용을 참고하여 나의 기준을 만들고, 인간관계를 관리해 보도록 하자.

① 받기만 하는 사람

사람은 주기도 하고 받기도 하면서 살아가야 한다. 하지만 받는 것이 익숙해진 사람은 본인이 받는 것이 당연하다고 생각하고 주는 것을 아깝게 생각한다. 지금까지 받기만 하는 사람이라면 앞으로도 계속해서 받기만 하는 사람일 가능성이 높다.

② 지나치게 의존하는 사람

사람이 서로를 의지하는 것과 달리 일방적으로 의존하는 관계는 건강하지 않다. 독립하기까지 어느 정도 의존할 수밖에 없는 부모 자식 관계와 달리, 일반적인 인간관계에서 지나치게 의존하는 일방적인 관계는 길게 이어지기 어렵다.

③ 에너지를 소모시키는 사람

사람의 에너지는 유한하다. 계속해서 맞춰주어야 하고, 배려해 주어야 하고, 받아주어야 하는 사람은 에너지가 계속해서 소모되는 사람이다. 주변에는 만났을 때 에너지를 뺏기는 사람이 아니라 얻을 수 있는 사람을 두어야 한다.

④ 자기중심적인 사람

자기중심적인 사람은 본인의 것만 중요하게 생각하고 다른 사람의 것을 소중하게 생각하지 않는다. 그래서 말과 행동에서 드러나는 판단의 기준이 철저하게 본인 위주로 설정되어 있다. 다른 사람의 입장에서 고려하는 것이 익숙하지 않기에, 무조건적인 양보와 양해를 요구하고 본인이 존중받지 못한다고 생각할 때 감정적으로 반응한다. 함께 있으면 계속해서 손해를 보게 되고 감정적인 소모가 커질 수밖에 없다.

⑤ 자신을 포장하고 과장하는 사람

자신을 포장하고 과장하는 사람은 결핍이 매우 심한 사람이다. 그들은 자신의 부족한 점이나 현실을 마주하지 않고 다양한 이유를 들어 합리화하고 스스로를 위로하기에 대화가 불편

해진다. 빈 수레가 요란한 법이다. 실속 있는 사람은 겸손하고
담백하다.

⑥ 말이 달라지는 사람

말이 달라지는 사람은 스스로 상황에 따라 상황을 모면하는
것에 익숙해져 있거나 본인의 말에 대한 검증이 어렵다는 것
을 알기에 거짓말을 하는 것에 익숙해져 있는 사람이다. 그러
다가 자신의 말에 거짓이 드러나면 다른 이유를 들어 모면하
려고 하거나 합리화한다. 가까워질수록 나를 혼란스럽게 만드
는 사람이다.

⑦ 다른 사람 이야기를 좋아하는 사람

다른 사람의 이야기를 좋아하는 사람은 내 이야기 또한 다른
사람들에게 아무렇지 않게 하는 사람이다. 그리고 그 내용은
험담일 가능성이 높다. 그러한 성향으로 인해 이미 여러 번 인
간관계에서 문제가 발생했을 것이지만, 변하지 않는다는 것은
다른 사람을 배려하지 않는다는 의미이기도 하다.

⑧ 다혈질인 사람

사람은 누구나 감정적이다. 하지만 성숙한 사람은 스스로의
감정을 절제하고 통제하는 방법을 안다. 쉽게 흥분하고 분노하
는 성향은 함께 활동하고 관계를 유지하는 과정을 순탄치 않

게 만들며, 문제가 생겼을 때도 이를 원활하게 풀기 어렵게 만든다.

⑨ 나를 자유롭게 표현할 수 없는 사람

인간관계에서 나를 자유롭게 표현할 수 있는 것은 매우 중요하다. 우리는 솔직한 본연의 모습을 존중받고 인정받을 때, 만족감을 느끼기 때문이다. 내 생각과 감정을 드러내는 것에 있어 눈치를 보게 되고, 상대방이 어떻게 생각할지 고민되어 편하게 대할 수 없다면, 그러한 관계는 이어지더라도 길게 이어지기 어렵고, 그 관계를 유지하는 동안 많은 에너지를 소모한다.

“

자존감을 키우는 연습

„

자존감을 높이는
프로그램

자존감을
높이는 프로그램

· 나에 대해 아는 것

　생각보다 많은 사람들이 스스로에 대해 알아갈 기회를 잘 얻지 못하고 살아간다. 어렸을 때부터 다양한 경험보다는 획일화된 교육에 노출되고, 정해진 의무와 역할이 요구되는 구조 속에서 스스로 내가 누구인지, 어떤 것을 좋아하는지, 어떤 것을 잘하는지 등에 대해 다양하게 시도해 보고 고민해 볼 만한 기회나 계기가 없었기 때문이다. 스스로 사고하며 진취적으로 살아가기보다는 사회적인 기대와 인식에 부합하여 사는 수동적인 삶에 익숙해져 있기 때문이기도 하다.

인생은 나라는 사람을 더 알아가는 아주 긴 여행이다. 나라는 사람은 어떠한 환경에서 어떠한 사람을 만나느냐에 따라, 나에게 어떤 의무와 책임, 역할, 나의 상태, 컨디션, 감정 등 다양한 요소에 영향을 받으므로 먼저 스스로에 대해 알아야 이를 바탕으로 더 나은 방향으로의 변화를 시도할 수 있다. 자존감은 나라는 사람을 이해하고 존중하며 믿어줄 수 있는 마음이기에 내가 나에 대해 많은 것을 알수록 자신의 마음을 안정적으로 다룰 수 있고, 더 나아가 다른 사람까지도 포용할 수 있는 마음의 여유를 가질 수 있다. 자존감에 도움을 줄 수 있는 질문에 대한 답변을 통해 나의 상태를 파악하고 더욱 높은 자존감을 형성해 보자. 스스로 적을 내용을 생각하면서 나를 이해하고, 적은 내용을 바탕으로 다른 사람들과 이야기해 보자.

· 내가 인식하는 나의 모습

　우리는 다양한 사람들 사이에서 살아가고 있으며, 관계에 따라 다른 모습을 가지고 있다. 가정에서, 친구들 사이에서, 직장에서, 모임에서 어떤 사람들과 함께 있느냐에 따라 달라지고, 친구들 사이에서도 상대방이 누구냐에 따라 달라지기도 한다. 내가 스스로 인식하고 있는 나의 다양한 모습과 역할을 적어보자.

· 사람들이 바라보는 나의 모습

　인간관계 속에서 오해는 주로 내가 스스로 인식하고 있는 나의 모습과 다른 사람이 인식하고 있는 나의 모습이 다를 때 나타난다. 스스로 독립한 어른이라고 생각하지만, 부모님에게는 여전히 아이같이 느껴질 수 있다. 나는 유쾌하다고 생각하지만, 다른 사람은 뒤끝이 있다고 생각할 수도 있다. 이러한 시선의 차이는 나라는 사람을 어떻게 다른 사람에게 인식시키느냐에 따라 달려 있다. 사람들이 바라보는 나의 모습을 적어보고 스스로 생각하는 내 모습과의 차이점을 비교해 보자.

· 나의 관심사

요즘 나의 관심사는 무엇인가? 인간관계, 운동, 취미, 연애, 육아, 일, 아르바이트, 재테크, 취업, 언어, 자격증, 자기 계발 등 요즘 많은 시간을 할애하고 있는 활동 또는 생각의 주제에 대해서 적어보자. 그리고 순위를 매겨 내가 요즘 어떤 것을 중요하게 생각하고 있는지를 정리해 보자.

· 내가 좋아하는 것

내가 좋아하는 것은 인생을 즐겁게 만들어 준다. 기분이 좋아지고 마음이 편해지는 어떠한 사물, 동물, 음식, 행동, 현상, 상황 등 내가 좋아하는 것이 무엇인지를 생각해 보자. 부모님, 아이, 고기, 봉사, 성취, 웃음, 수상과 같이 내가 좋아하는 것은 앞으로 내가 추구해야 하는 가치이기도 하다.

- 내가 싫어하는 것

눈에 보이거나 떠올릴 때면 기분이 짜증 나고 피하고 싶은 것들도 있다. 자신이 없거나 피하고 싶은 특정 상황, 싫은 대상, 음식, 향기, 사물이나 현상 등 내가 싫어하는 것들을 적어보자. 그리고 이를 피하거나 해결할 수 있는 방법을 고민해 보자.

· 내가 잘하는 것

내가 잘하는 것은 자신의 자부심을 형성하고 다른 사람에게
도 인정받을 수 있는 것들이다. 다른 사람과의 비교가 아닌 스
스로 내가 잘한다고 생각하는 것을 적어보고, 왜 잘하는지, 앞
으로 어떻게 더 잘할 수 있을지에 대해서 고민해 보자.

· 내가 못하는 것

  내가 못하는 것은 잘 해내지 못해 자신이 없고, 나를 주저하
게 만드는 것들이다. 내가 못하는 것들을 적어보고, 이를 극복
할 수 있는 방법이 있을지, 자신감이나 두려움을 원인으로 못
하게 된 것은 아닌지에 대해 생각해 보자.

· 나를 즐겁게 만드는 것

　사람들은 기분이 좋고 컨디션이 좋을 때 생각보다 그 원인을 잘 모르는 경우가 많다. 나를 즐겁게 만드는 것들을 적어보자. 나를 즐겁게 만드는 요소가 좀 더 명확해지면, 어떻게 좀 더 즐거운 삶을 살 수 있을지에 대해 고민해 볼 수 있다.

· 나를 힘들게 만드는 것

　현재 나를 힘들게 만드는 것들과 상황을 생각해 보자. 힘들게 만드는 요소가 구체화되고 명확해지면, 그다지 힘든 것이 아님을 알게 되거나 이를 극복하기 위해 어떤 노력이 필요한지를 고민해 볼 수 있다.

· 내 삶의 원동력

우리가 삶을 살아가기 위해서는 동력이 필요하다. 내가 하루를 즐겁게 보내고, 내일을 기대하며 살아가도록 만드는 힘과 에너지가 무엇으로부터 발생하는지 생각해 보자. 잘 모르겠다면 어떠한 가치가 내 삶의 원동력이 되었으면 하는지 찾아보고 이유를 적어보자.

· 내가 주로 활용하는 감정

다양한 감정은 삶을 더욱 풍성하게 만들어 준다. 그리고 자
주 사용되는 감정은 습관이 된다. 평소 일상 속에서 주로 활용
하는 감정을 떠올려 보고 왜 주로 활용하고 있는지 이유를 찾
아보자.

self-esteem practice

감격스러운	감동적인	감사한	기쁜	놀라운	든든한
만족스러운	반가운	뿌듯한	시원한	좋은	짜릿한
통쾌한	포근한	행복한	후련한	흥분된	자유로운
황홀한	평화로운	느긋한	다정한	사랑스러운	순수한
친숙한	열정적인	담담한	명랑한	밝은	편안한
즐거운	활력 있는	간절한	기대하는	서운한	슬픈
위축되는	허탈한	외로운	후회스러운	우울한	참담한
비참한	무기력한	막막한	안타까운	절망스러운	걱정되는
근심 있는	괴로운	기분 나쁜	멍한	두려운	부끄러운
불쌍한	불안한	불편한	언짢은	음침한	좌절하는
지루한	창피한	허전한	초조한	얄미운	화나는
불쾌한	괘씸한	씁쓸한	짜증 나는	더러운	부담스러운
귀찮은	끔찍한	의문스러운	고마운	싫은	싫증 나는
억울한	원망스러운	죄책감	당황스러운	무서운	황당한
당당한	조마조마한	미안한	민망한	수줍은	자책하는

Ⅰ 감정의 종류

· 나의 감정 패턴

감정의 패턴은 어떠한 상황에서 발생하는 감정의 규칙성을 말한다. 짜증이 난다면 어떤 상황에 짜증이 나는지, 그 사건들의 공통점이 있는지를 고민해 보면 감정을 좀 더 세부적으로 다룰 수 있다. 주로 활용하는 감정을 바탕으로 패턴을 찾아보자.

· 나의 욕심과 기대

    우리는 누구나 욕구를 가지고 있다. 그리고 이러한 욕구가 제대로 해소되지 않았을 때 문제가 생긴다. 그래서 스스로 가정에서, 일에서, 인간관계에서 나의 욕심과 기대를 파악하는 것이 중요하다. 욕구가 큰 만큼 충족되지 못했을 때 실망감도 크고, 반대로 욕구를 충족시키기 위해 미성숙한 행동이 드러나기 때문이다. 나의 욕구와 기대를 적어보고 욕구를 충족시킬 수 있는 방법을 생각해 보자.

· 나의 방어기제

방어기제는 당혹스럽거나 위기 상황에 봉착했을 때 무의식적으로 발휘되는 모습이다. 갈등이 생겼을 때, 부끄러운 상황일 때, 긴장되고 초조할 때, 의견이 부정당했을 때, 누군가 비난할 때, 실수했을 때, 기분이 나쁠 때 등의 상황에서 스스로 어떠한 모습으로 대처하는지 생각해 보고 이를 어떻게 더욱 성숙한 방법으로 대응할 수 있을지 생각해 보자.

· 내가 사용하는 에너지

사람은 체력을 바탕으로 사용할 수 있는 에너지가 정해져 있
다. 그래서 에너지를 생산적으로 사용할수록 더욱 의미 있고 즐
거운 삶을 살 수 있다. 평소 나의 에너지를 어떻게 사용하고 있
는지 떠올려 보자. 그리고 에너지가 남거나 불필요하게 낭비되
고 있다면 어떻게 생산적으로 사용할 수 있을지 고민해 보자.

· 나의 건강 상태

    사고하고 행동하는 주체는 나 자신이다. 그래서 나의 건강은 생각과 행동의 기반이다. 나의 건강 상태는 어떠한지, 기분이나 컨디션에 영향을 주는 요소는 무엇이 있는지, 건강을 챙길 수 있는 방법을 고민해 보자.

· 해결해야 하는 문제

　학업에서, 업무에서, 인간관계에서 모든 사람들은 각자 해결해야 하는 문제를 가지고 있다. 지금 당신의 삶에서 마주한 문제가 어떤 것이 있는지, 목표를 달성하는 과정에서 발생할 수 있는 문제는 어떤 것이 있을지 생각해 보자.

· 지금 해야 하는 것

내가 중요하다고 생각하고 있지만, 아직 시도하지 않았거나 주저하는 것이 있다면 문제를 해결하기 위해, 내 삶의 중요한 가치를 추구하기 위해 해야 하는 것이 무엇인지를 생각해 보자. 그리고 행동한다면 무엇부터 시작해야 하는지 좀 더 시작하기 쉬운 것부터 세부적으로 정리해 보자.

self-esteem practice

· 사람에 대한 기준

    인간관계는 기준을 설정해야 한다. 좋은 사람을 구분하기 위한 나만의 기준이 없으면, 관계에 끌려다니게 되고 주변에는 점차 나에게 긍정적인 에너지보다 부정적인 에너지를 전달하는 사람들이 많아지게 된다. 어울리는 사람들은 내 인생에 아주 큰 영향을 미치기에 어떠한 사람과 함께하고 싶은지, 어떤 사람은 가까이하면 안 될지에 대한 기준을 정해보자.

· 다른 사람의 장단점

　다른 사람의 장단점은 귀감이 된다. 내가 좋아하는 상대방의 장점과 싫어하는 단점은 다른 사람도 비슷하게 느끼기 때문이다. 주변에서 가까이 지내는 사람들을 떠올려 보고 그들이 어떤 장점과 단점을 가지고 있는지 적어보자. 수많은 사람들과 관계를 맺고 살아가는 인생에서 다른 사람의 장점과 단점을 통해 배우고 성장하는 습관은 삶을 더욱 긍정적으로 변화시킨다.

· 특정 주제에 대한 다른 사람의 생각 들어보기

　요즘 내가 관심 있는 분야와 관련하여 질문을 만들고 다른 사람은 어떻게 생각하는지 대화를 나눠보는 것은 나의 사고와 시야를 더욱 크게 넓힐 수 있는 좋은 방법이다. 나의 관심사와 관련된 질문지를 3~5개 정도 작성하고 다른 사람의 생각을 들어보자.

· 공감하기

　최근 기억에 남는 다른 사람의 말을 적어보고, 그 사람의 입
장에서 왜 그런 말을 했을지 이해해 보고 공감해 보자. 개인적
인 생각과 판단보다는 온전히 그 사람의 입장에서 생각해 보
기 위해 노력하고, 혹시 이해하거나 공감하기 쉽다면 왜 그런
지, 어렵다면 왜 어려운지에 대해서 적어보자.

self-esteem practice

· 감사하기

우리 삶에는 무심코 지나치는 감사한 일들이 상당히 많다. 어떠한 것에 감사한다는 것은 내가 특정 상황에 어떻게 의미와 가치를 부여하느냐에 달려 있기도 하다. 배울 수 있는 것들, 내가 가진 것들과 같이 감사한 일들을 찾아보자. 감사한 일들이 많아질수록 당신은 운이 좋은 사람이 될 것이며, 그러한 태도는 실제로 당신의 삶을 더욱 감사한 사건들로 가득하게 만들어 줄 것이다.

· 원하는 삶의 모습

    우리의 인생에는 무한한 가능성이 존재한다. 앞으로 내가 어떻게 하느냐에 따라 더욱 성숙한 사람이 될 수 있고, 좋은 사람들을 만나게 될 수 있고, 엄청난 성취를 이룰 수도 있다. 미래는 지금부터 만들어 나가는 것이기에 앞으로의 삶에 모습을 어떻게 생각하고 받아들이느냐에 따라 실제 삶의 모습도 크게 변화한다. 당신이 원하는 삶의 모습을 적어보자. 그리고 어떻게 살 것인지에 대해 생각해 보자.

· 나를 칭찬하고 위로하는 말

나를 누구보다 잘 이해해 줄 수 있는 사람은 나 자신이다. 그렇기에 칭찬하고 위로하는 것 또한 내가 가장 잘할 수 있다. 현재의 나를 칭찬하고 위로하는 말을 적어보자. 그리고 가능하면 좀 더 구체적으로 당신의 행동과 모습에 대한 칭찬과 위로를 해보자. 당신은 훌륭한 사람이며, 믿을 수 있는 사람이다.

"

자존감을 형성하면

행복은 지금, 바로 옆에 있다

"

Chapter 6

자존감과 행복

자존감과 행복

· 자존감과 인간관계

  우리의 인생을 차지하는 행복과 불행, 기쁨과 슬픔, 사랑과 우정, 돈과 명예, 권력 등의 모든 가치는 관계 속에서 만들어지고 평가되며 받아들여지기에 인간관계는 우리 인생에서 떼놓고 생각할 수 없는 가치라고 할 수 있다. 그리고 이렇게 중요한 인간관계를 형성하고 유지하는 것에는 자존감이 매우 핵심적인 영향을 미친다. 나를 사랑하고 가치 있는 존재라고 받아들이는 마음인 자존감이 바탕이 될 때, 진정으로 다른 사람을 사랑하고 존중하면서 인간관계를 맺을 수 있기 때문이다. 자존감이 높으면 좋은 인간관계를 형성할 수 있고, 마찬가지로 좋은 인간관계가 형성되면 높은 자존감을 유지할 수 있다. 자존감과 인간관계는 상호 작용 하며 서로에게 영향을 미치는 관계인 것이다.

자존감은 다른 사람에게 영향을 받지만, 나의 노력에 의해서도 계속해서 발전할 수 있다. 스스로를 알아가면서 나 자신과의 관계를 더욱 친근하고 깊게 만들어 나갈수록 앞으로 마주하게 될 다양한 사건들 속에서 떠오르는 다양한 생각들과 감정들을 더욱 따뜻하고 애정 어린 마음으로 품어줄 수 있게 될 것이다. 평생을 온전한 '나'로서 살아가기 위해 현대인들에게 자존감이 필요한 이유다.

· 자존감과 행복

자존감은 나의 감정에 영향을 미친다. 그리고 감정은 우리가 살아가며 수행하는 모든 일에 영향을 미친다. 감정은 무의식의 영역이며 우리의 말과 행동은 무의식에 절대적인 영향을 받기 때문이다. 그래서 높은 자존감은 우리가 더욱 행복한 삶을 살 수 있도록 돕는 역할을 한다. 사랑과 존중을 바탕으로 감정을 다룰 수 있기에 매사에 더욱 성숙한 대응을 함으로써 우리 주변의 다양한 사건들 속에서 더 나은 결과를 만들어 낼 수 있다.

우리의 일상은 행복이 될 수 있다. 행복을 느낄 수 있는 요소들이 내 주변에 많을 수도 있고 적을 수도 있지만, 내가 나에 대해 알아가면서 주변을 좋은 사람, 좋아하는 활동으로 채운다면 더 큰 행복을 만들어 나갈 수 있다. 또한 사소한 일들 속에서 우리가 놓치고 있는 감사함을 찾고 내가 가지고 있는 에너지를 소중한 나를 위해 사용한다면 우리의 마음과 함께, 삶 또한 더욱 평안해지고 만족스러워질 것이다. 인생을 살다 보면 분명 싫어하는 사람도 만나야 하고 싫지만 해야 하는 일도 있겠지만, 그런 요소들이 있기에 좋은 사람과 좋아하는 활동이 더 큰 감사가 되고 가치와 행복이 되는 것이다.

행복은 가까이 있다. 그리고 지금 행복해야 앞으로도 행복할 수 있다. 행복은 특정한 순간에 찾아오는 것이 아니라 계속해서 이어지는 개념이기 때문이다.

· 극복하며 성장하는 즐거움

우리가 삶을 살아가는 과정에는 끊임없는 시행착오가 동반된다. 왜냐하면 우리는 아무것도 모르는 채로 태어났기 때문이다. 우리는 '세상'에 대해 모르고, '나'에 대해 모르고, '다른 사람'에 대해서 모르기 때문에 배움과 경험을 통해 조금씩 성장한다. 그리고 그 과정 속에는 생각해 보지 못하고, 감정을 제대로 다뤄보지 못하고, 이해하지 못하고, 표현에 서투르기 때문에 발생하는 필연적인 문제들이 발생한다. 그리고 그렇게 마주한 문제들 중 어떤 것은 때로 우리를 너무 크게 실망하고 좌절시켜, 이러한 문제가 우리 삶의 과정이자 일부분일 뿐이라는 사실마저 잊고 현실에 주저앉게 만들기도 한다. 그렇게 정체되면 우리는 현실을 더욱더 힘들고 괴로운 공간으로 인식하게 되고, 긍정적인 요소보다 부정적인 요소에 더욱 초점을 맞춘 채 살아가게 된다. 하지만 정체되어 있더라도 그 시간 또한 잘 이겨낸다면, 더 성숙하고 나은 삶을 살아갈 수 있도록 만들어 주는 소중한 경험이 될 것이다.

'자존감'은 다양한 감정과 환경 속에서 나의 중심을 잃지 않고 끊임없이 성장하며 앞으로 나아가게 만드는 핵심 감정이다. 현재 우리가 마주한 문제들은 다른 누군가도 이전에 경험했고, 경험하는 중이고, 앞으로 경험할 것들이다. 또한 당신도 다른 누군가처럼 문제를 해결하고 극복하면서 앞으로 나아갈 것이며, 그 과정에서 성장하면서 더 넓어진 마음을 바탕으로 세상을 좀 더 너그럽고 따뜻하게 바라볼 수 있게 될 것이다. 내가 성장하고 성숙하면서 나를 둘러싼 세상이 조금씩 변화하는 것

을 경험하는 것은 즐거운 일이다. 독자들의 인생에 즐거움이
가득하길 바란다.

· 위기를 마주하는 자세

이 책에서 말하는 마음의 단단함이란 마음 자체가 어떠한 상
황에도 기복이 없는 것을 말하는 것이 아니라 마음이 상처받
더라도 이겨내면서 성장할 수 있는 능력이다. 감정의 변화에
예민하고 둔한 사람은 있을지언정 감정에 기복이 없는 사람은
없으며, 어떠한 외부 자극에도 영향을 받지 않는 사람 또한 없
다. 그래서 우리는 감정을 인식하고 다룸으로써 빠르게 회복하
기 위한 회복 탄력성을 갖추고, 무의식 속에서 우리의 감정과
행동에 영향을 미치는 자존감을 키우고 안정적으로 유지하기
위한 노력을 해야 한다.

하지만 대부분의 사람들은 이 튼튼한 마음이라는 개념을 외
부의 어떤 자극에도 상처받지 않는 것이라 생각해 문제를 회
피하고, 현실을 부정하고, 합리화하면서 나의 감정을 외면한
다. 계속해서 나를 보호하기 위한 방어기제를 쌓으며 상처받지
않는 튼튼한 마음을 가졌다고 스스로 생각하지만, 실제로는 본
인의 감정도 다루지 못한 채 온갖 방어기제가 누적되어 속으

로는 점점 더 힘들고 괴로워하는 시간을 보내게 된다. 하지만 나를 보호만 하는 방식으로는 자존감을 키울 수 없다.

우리가 앞으로 살아갈 과정 속에는 무수히 많은 문제와 인간관계에서의 갈등, 내면적인 고민이 있을 것이다. 그리고 정말 많은 상처와 괴로움을 경험하게 될 것이다. 하지만 상처받기를 두려워한다면 우리는 성장할 수 없다. 우리는 상처를 통해 나의 감정을 다루는 것에 더욱 능숙해지고, 나라는 사람을 이해하고 존중하는 방법을 배우기 때문이다. 알을 깨고 나오지 않는다면, 결국엔 알에 갇힌 채 삶을 마감하게 될 것이며, 약해지는 것이 두려워 두꺼운 껍질을 벗어내지 못한다면, 더 이상 성장할 수 없게 될 것이다.

상처받기가 두려워 문제를 마주하지 않고 회피하거나 왜곡하여 합리화한다면 당장 나의 상황은 나아질 수 있겠지만, 문제는 계속해서 반복되고 이를 극복하며 성장한 경험이 없는 나는 점점 더 많은 문제들과 마주치고 외면하게 될 것이다. 결국 우리를 둘러싼 모든 환경과 인간관계는 온통 문제가 가득한 지뢰밭이 된다. 그때가 되면 이제는 더 이상 회피할 수도, 외면할 수도 없는 상황이 된다. 그래서 우리는 상처받을 것을 알고 있음에도 계속해서 문제를 직면하고 이를 해결하기 위해 노력할 용기가 필요하다. 상처받을 용기가 있는 사람이라면 언젠가 그 문제를 해결하고 더 행복한 삶을 살 수 있기 때문이다. 어떠한 상황이 우리에게 찾아오더라도 말이다.

· 우리는 모두 성장 중

우리는 모두 완벽하지 않다. 우리는 인생이라는 긴 여행을 통해 계속해서 성장 중이기 때문이다. 오늘 나의 못난 모습이 보일 수 있고 부끄러울 수 있지만, 지금의 부족한 모습이 있기에 깨닫고 배우면서 계속해서 성장해 나갈 수 ㅍ있다. 우리의 삶은 유한하고 개인이 할 수 있는 경험 또한 제한적이기에, 나이가 들면서 계속 성장하고 성숙하더라도 분명 부족한 모습이 있을 수밖에 없을 것이지만, 이 세상은 완벽하지 않은 사람들이 함께 서로 도우며 살아가는 공간이라는 것을 기억하자. 자존감을 바탕으로 조금씩 앞으로 나아가는 것이 중요한 것이다.

우리 모두는 성장하는 과정에 있기에, 우리가 인생에서 마주하는 다양한 감정들과 시행착오에 대해 좀 더 공감받고 이해받을 수 있어야 한다. 그리고 마찬가지로 우리는 다른 사람의 시행착오에 응원과 격려가 필요할 것이다. 그들 또한 성장 중이기 때문이다. 나도, 당신도, 우리도.

자존감 연습

초판 1쇄 발행 2024. 6. 24.

지은이 전의진
펴낸이 김병호
펴낸곳 주식회사 바른북스

편집진행 박하연
디자인 배연수

등록 2019년 4월 3일 제2019-000040호
주소 서울시 성동구 연무장5길 9-16, 301호 (성수동2가, 블루스톤타워)
대표전화 070-7857-9719 | **경영지원** 02-3409-9719 | **팩스** 070-7610-9820

•바른북스는 여러분의 다양한 아이디어와 원고 투고를 설레는 마음으로 기다리고 있습니다.

이메일 barunbooks21@naver.com | **원고투고** barunbooks21@naver.com
홈페이지 www.barunbooks.com | **공식 블로그** blog.naver.com/barunbooks7
공식 포스트 post.naver.com/barunbooks7 | **페이스북** facebook.com/barunbooks7